KÖLNER STUDIEN ZUM STAATS- UND WIRTSCHAFTSLEBEN

HERAUSGEGEBEN VON

P. ABERER, CHR. ECKERT, J. FLECHTHEIM, J. K. JUL. FRIEDRICH, ED. GAMMERSBACH, H. GEFFCKEN, H. GRAVEN, K. HASSERT, B. KUSKE, PAUL MOLDENHAUER, F. STIER-SOMLO, K. THIESS, K. WIEDENFELD, A. WIERUSZOWSKI, W. WYGODZINSKI

Schriftleitung: BRUNO KUSKE

Heft 8:

Die städtischen Handels- und Verkehrsarbeiter
und
die Anfänge städtischer Sozialpolitik in Köln
bis zum Ende des 18. Jahrhunderts

von

Dr. Bruno Kuske.

Bonn 1914
A. MARCUS UND E. WEBERS VERLAG
Dr. jur. ALBERT AHN

Die städtischen
Handels- und Verkehrsarbeiter
und die Anfänge
städtischer Sozialpolitik in Köln
bis zum Ende des 18. Jahrhunderts

von

Dr. BRUNO KUSKE.

Bonn 1914
A. MARCUS UND E. WEBERS VERLAG
Dr. jur. ALBERT AHN

VORWORT.

Die hier vorliegende Untersuchung ist ein Nebenergebnis zu einem mehrbändigen, vor dem Druckabschluß stehenden Werk über den Kölner Handel des Mittelalters, der bis in die 2. Hälfte des 16. Jahrhunderts der bedeutendste und vielseitigste in ganz Deutschland war und auch den der süddeutschen Städte mit ihren großen Einzelfirmen hinter sich ließ.

Trotz des großen Quellenreichtums der letzten anderthalb Jahrhunderte des Mittelalters ergab sich doch für mich die Notwendigkeit, zur besseren Erkenntnis der inneren Kölner Zustände und besonders für die Erklärung der Anfänge wichtiger öffentlich-rechtlicher Einrichtungen und ihres Zusammenhanges mit dem Handel neuzeitliche Quellen heranzuziehen und mit ihrer Hilfe Licht auf ältere quellenärmere Zeiten zu werfen.

Dieser methodische Versuch rechtfertigt sich daraus, daß besonders die Finanzpolitik und damit die äußeren, den Großhandel tragenden öffentlichen Einrichtungen der Stadt vom 14.—18. Jahrhundert vorwiegend stabil geblieben sind. Vieles, was sich nur in den neueren Zeiten ermitteln läßt, gilt damit auch für das Mittelalter; denn jene haben dessen Anfänge meist nur konsequenter ausgestaltet. Daß derartige Rückschlüsse natürlich nur mit Vorsicht zu machen sind, brauche ich nicht des Weiteren auseinander zu setzen. Ich bin aber des Glaubens, daß ihre Anwendung selbst z. B. für den Versuch, den Ursprung des großen Kölner Stapels zu erfassen, gerechtfertigt ist, wie ich ihn in Kap. II, 1 zunächst nur im Rahmen der hier gerade vorliegenden andersartigen Aufgabe anstelle.

In den einzelnen Abschnitten bin ich oft in einer Weise ausführlich geworden, die vielleicht denjenigen, der den Kölner örtlichen Zuständen ferner steht, befremden mag. Ich meine jedoch, daß wir dem Geiste früherer Wirtschaftsepochen umso näher treten, je mehr wir in ihre Tatsacheneinzelheiten eingeführt werden, und gerade die Zeiten, um die es sich hier handelt, fangen an, wiederum das Interesse besonders unserer Zeit zu wecken, die drauf und dran ist, sich neuen Zuständen der stärkeren staatlichen Beeinflussung, sowie der freiwilligen Bindung in einer Fülle von privaten Organisationen zuzuwenden. Es empfahl sich auch, bei dieser Gelegenheit einiges Material auszuheben, das in sittengeschichtlicher Hinsicht bezeichnend ist.

Schließlich wollte ich auch in diesem Zusammenhange zeigen, daß die Verwaltung der Reichsstadt Köln vom 16. bis 18. Jahrhundert doch nicht so arm an größeren Ideen und an innerpolitischer Konsequenz war, wie man sie oft hinstellt, nur weil man sie überhaupt nicht kennt.

Köln, April 1914.

Bruno Kuske.

Inhaltsübersicht.

I.

Die wirtschaftspolitischen Grundlagen der Kölner Arbeitsorganisation.

Die Zustände in den Hilfsgewerben für Handel und Verkehr unterschieden sich in Köln sowohl, wie an anderen Orten vor dem 19. Jahrhundert von denen der neueren Zeit dadurch, daß sie vorwiegend von öffentlichen Erfordernissen und Einrichtungen und viel weniger von der privaten Tätigkeit des Unternehmertums hervorgerufen und beeinflußt wurden. Der einzelne Kaufmann brauchte nur ganz vereinzelte eigene Hilfskräfte zur Bewältigung der in seinem Betriebe nötigen schweren körperlichen Arbeit, da ihm diese Aufgabe, wie sofort noch zu zeigen sein wird, von der öffentlichen Gewalt abgenommen wurde, und wenn er den einen oder andern Transportarbeiter beschäftigte, so läßt sich mindestens vorläufig über deren Lage nichts Besonderes ermitteln. Das ist auch nicht möglich bei den Leuten, die sein eigenes Fuhrwerk besorgten. Bereits in den letzten Jahrhunderten des Mittelalters war es aber besonders im rheinischen Handel in großem Umfange üblich geworden, daß sich das Transportwesen vom kaufmännischen Geschäft betrieblich getrennt hatte. Die Fuhrleute waren jedoch dann keine Arbeiter, sondern selbständige Unternehmer. Sie waren meist aus dem Bauernstand hervorgegangen und hier besonders wohl aus dem Kreise nachgeborener Söhne, die vom Erbe ausgeschlossen waren, Pferde und Wagen kauften und sich damit dem hochentwickelten Handel der Niederlande und der rheinischen Städte zur Verfügung stellten [1].

---

1) Eine eingehendere Behandlung der westdeutschen Transportorganisation wenigstens im Mittelalter werde ich in der einleitenden Darstellung zu meiner Publikation „Quellen zur Geschichte des Köl-

Auch ihre „Knechte" waren keine Arbeiter, sondern entsprachen den Handwerksgesellen jener Zeiten, ähnlich wie die Fuhrherren den „Meistern", obwohl diese infolge der Eigenart ihres Berufes nicht zunftmäßig, sondern allenfalls nur in losen Genossenschaften organisiert waren. In der Schiffahrt war es selbstverständlich genau so. Auch hier war ja bis zur Entstehung der Dampfschiffahrt der handwerksmäßige Betrieb fast ganz die Regel, obwohl auf Grund einer verwickelteren Technik und einer größeren Gebundenheit an einen bestimmten Weg in straffer gefaßten Formen. Hier veranlaßte allerdings später die Aussichtslosigkeit auf Verselbständigung die Mittelschicht der ausgebildeten Schiffer, sich namentlich besonderer Organisationsformen zu bedienen, die sich aber im allgemeinen noch eng an die des Handwerks anlehnten und in seinem Rahmen blieben. Die Möglichkeit blieb auch hier für den Einzelnen bestehen, daß er „Meister", d. h. selbständiger Betriebseigentümer werden konnte, was bei den Arbeitern, mit denen wir es in unserem Zusammenhange zu tun haben, nicht möglich war und auch meist heute nicht möglich ist, weil hierzu nicht nur der glückliche Zufall eines plötzlichen Vermögenszuwachses genügt, sondern auch die kaufmännische Schulung ausschlaggebend mit in Frage kommt.

Die eigentlichen Handels- und Verkehrsarbeiter der älteren Zeit fußten vor allen Dingen auf öffentlichen Einrichtungen und diese wieder auf der Finanz- und der Wohlfahrtspolitik des Stadtstaates. Es ist besonders für Köln charakteristisch, daß es seinen Geldbedarf nach einer kurzen Periode direkter Steuern aus indirekten Abgaben deckte, die anfangs unklar Zoll, später aber Accisen genannt wurden. Nur in Ausnahmefällen, in Zeiten finanzieller Notstände oder politisch-kriegerischer Gefahren griff die Stadt zu Vermögens- oder Ertragssteuern. Und gerade in der Bevorzugung der Accise, die besonders von allen Großhandelsgeschäften erhoben wurde, drückt sich die

ner Handels und Verkehrs bis zum Jahre 1500" geben. Dort sollen auch andere Fragen eine ausführlichere Beantwortung finden, die diese Untersuchung nach allgemeineren wirtschaftlichen Seiten hin vorläufig offen läßt.

wirtschaftliche Natur Kölns, — der großen Handelsstadt, — aus; denn nur eine Stadt mit einem fortwährenden bedeutenden Güterumschlag konnte sich auf die Dauer mit einem derartigen Steuersystem behaupten, und dieser Umstand erscheint um so beachtlicher, als Köln mit etwa 40—50 000 Einwohnern bis tief ins 16. Jahrhundert die größte Stadt Deutschlands war. Es hatte ferner als Reichsstadt zugleich die Aufgaben eines damaligen Staates, die z. B. in der Aufrechterhaltung eines eigenen Militärwesens oder in der Führung einer selbständigen äußeren Politik ihren besonderen Aufwand erforderten. Eine andere als eine Handelsstadt hätte sich jenes Steuersystem nicht leisten können und hätte sich mit den in früheren Jahrhunderten viel schwerer als heute durchzuführenden direkten Steuern behelfen müssen. Die Stadt begann ihre ersten Accisen zu Ende des 12. Jahrhunderts einzurichten, und zwar in unmittelbarem Zusammenhang mit dem großen Werke, das ihre dauernde Befreiung von der Herrschaft des Erzbischofs und zu eigener Staatsentwicklung einleitete: mit dem seit etwa 1180 auf Grund des von Kaiser Barbarossa verliehenen Rechtes auf eigene Befestigung begonnenen Bau ihrer großen, stets unbezwinglich gebliebenen Mauer [1]. Zur Bestreitung der hierzu erforderlichen bedeutenden Mittel führte sie die Besteuerung des Salzes und des zum Kleinverkauf gelangenden Weines ein. Diese Abgaben wurden zwar im Jahre 1206 auf Drängen des Erzbischofs wieder beseitigt, aber 6 Jahre später durch eine Mahl- und Malzsteuer dauernd ersetzt. Die Stadt setzte also bei Gütern des breiten Verbrauchs ein und traf dabei unmittelbar zuerst eigentlich in den Schankwirten, Bäckern und Brauern kleingewerbliche Kreise, wobei allerdings zu beachten ist, daß Backen und Brauen damals noch in großem Umfange von den Bürgern zum eigenen Verbrauch selbst betrieben wurden. Der Weinzapf war ebenfalls meist noch nicht Gegenstand eines selbständigen Gewerbes, son-

---

1) S. hierzu J. Hansen, Stadterweiterung, Stadtbefestigung, Stadtfreiheit im Mittelalter. (Mitteilungen d. Rheinischen Vereins für Denkmalpflege u. Heimatschutz, Jahrgang 5, 1911, Heft 1, S. 7—32). Vgl. auch G. Seeliger, Studien zur älteren Verfassungsgeschichte Kölns. Leipzig 1909, S. 70.

dern wurde auch von zahlreichen Bürgern nebenher besorgt. Daß die Stadt ferner mit zuerst die Besteuerung des Salzes versuchte, hat seinen Grund vermutlich darin, daß für dieses bereits im erzbischöflichen Salzmaß ein besonderes Institut bestand, das die Stadt für ihre Zwecke bequem ausnutzen konnte [1]).

Die Einführung von Abgaben vom Handel war der Stadt zunächst dadurch erschwert, daß diese, — soweit sie überhaupt schon vorhanden waren, — noch vom Erzbischof beherrscht wurden. Erst als die Stadt im Jahre 1274 ausdrücklich ihre Steuerhoheit erhalten hatte, vermochte sie hierin selbständig vorzugehen. Und sie tat das nun auch mit einer Konsequenz, die sich schließlich am Ende der Entwicklung im 18. Jahrhundert auf alle Güter erstreckte, die überhaupt durch den Großhandel gingen. Bei weitem der größte Teil dieses Accisensystems wurde schon im 14. Jahrhundert geschaffen. Es entstanden oder werden in den städtischen Finanzakten zum erstenmale genannt in den Jahren 1309 der Rutenpfennig vom Messen des Weines beim Großverkauf, um 1330 der Wollpfennig, 1370 die Weingroßhandelsaccise (endgültig seit 1396), um 1370 der Tonnenpfennig (Accise vom Tonnengut), 1371 die Waid- und Südweinaccise, 1372 die Tuchaccise, 1400 die Heuaccise, 1417 wieder die Weinzapfaccise. Im 14. Jahrhundert waren auch die Fleisch-, Vieh-, Fisch-, Trockenwaren- und Salzaccise eingerichtet worden, und im 15. solche auf Kohlen, Holz, Steine und sonstige Baustoffe aller Art [2]). Einem Teil der Warenaccisen ging dazu die Einrichtung von städtischen Meß- und Wiegeanstalten voraus, für deren Benutzung entsprechende Gebühren erhoben wurden, an die sich dann die Accise angliedern konnte und die auch einige Einnahmen lieferten. Die älteren erzbischöflichen Institute wurden so durch städtische ergänzt und durch diese allmählich bis auf wenige Reste überflüssig gemacht und verdrängt.

---

1) Vgl. hierzu unter Kap. II, 1.

2) Vgl. überhaupt Ausführliches über das städtische Finanzwesen bei R. Knipping, Die Kölner Stadtrechnungen im Mittelalter. Bonn 1897, Bd. I, Einleitung; dgl. F. Lau, Entwicklung der kommunalen Verfassung der Stadt Köln, Bonn 1898, S. 57 ff.

Die Ergiebigkeit der Accisen wurde außerdem noch dadurch sehr bedeutend gehoben, daß die Stadt das Stapelrecht besaß [1]) mittels dessen sie die auf dem Rhein und auf den Landstraßen der Nachbarschaft dahinziehenden Güter in ihre Mauern zwingen konnte, wo sie mindestens umgeschlagen oder teilweise auch auf Grund des Vorkaufsrechtes der Bürger gegenüber allen Gütern, die noch keinen Käufer gefunden hatten und mit unbestimmtem persönlichen Ziele durchs Land gingen, verkauft werden mußten. Besonders seit dem Ende des 15. Jahrhunderts machte die Stadt einen immer konsequenter werdenden Gebrauch davon, sodaß sie sich damit zahlreiche neue Meß- und Steuergelegenheiten schuf.

Wenn auch die Stadt, wie sie selbst ausdrücklich betonte, bei allen diesen Einrichtungen an erster Stelle *(zovoerentz)* [2]) ihre finanzielle Sicherstellung im Auge hatte, so ließ sie sich dabei doch auch hervorragend von der Rücksicht auf das allgemeine Wohl leiten. Denn man muß bedenken, daß die geschäftliche Moral besonders des mittelalterlichen Kaufmanns doch noch recht beachtliche Lücken aufwies und bei der Abwickelung eines Handelsgeschäftes auf der Seite des Verkäufers mehr als heute noch die Kalkulation sehr stark mitspielte, auf unlautere Weise einen besonderen Vorteil herauszuschlagen, indem er in den Mengen betrog oder auch verfälschte, minderwertige und halb oder ganz verdorbene Qualitäten lieferte. Die Klagen über falsche Stück- und Gewichtszahlen, über doppelte und dreifache Tonnenböden und andere Mengenmängel waren in früheren Jahrhunderten an der Tagesordnung und ebenso die über Wein-, Gewürz- und Nahrungsmittelfälschung. Namentlich beim Handel in geschlossenen Packungen erschöpften sich alle nur denkbaren Betrugsmöglichkeiten. Bei Massengütern, die in Hohlmaßen offen zugemessen wurden, konnten außerdem Streitigkeiten zwischen Käufern und Verkäufern über die

---

1) Vgl. über die Entstehung des Stapels unten Kap. II (Salzarbeiter). Das Gesamtsystem dieser Einrichtung werde ich demnächst in der Darstellung zu meinen Quellen zur Handelsgeschichte schildern.

2) Vgl. Kuske, Die Märkte und Kaufhäuser im mittelalterlichen Köln. (Jahrbuch d. Kölner Geschichtsvereins, Bd. II, 1913, S. 75.)

Meßmethoden entstehen, etwa darüber, ob ein Maß gehauft oder gestrichen sein, ob die Ware hinein geschichtet oder lose geschüttet werden müsse. Hier war eine unparteiische Meßinstanz, die eine bestimmte Gewohnheit einführte und unbedingt aufrecht erhielt, sehr nützlich. Sie konnte aber zugleich auch den Käufer gegen alle anderen Betrugsversuche schützen, indem sie selbst verschlossene Packungen genau untersuchte und, wiewohl sie davon Gebühren und Steuern erhob, doch zugleich auch dem Käufer die Sicherheit für die Zuverlässigkeit des Geschäftes gab. Aber auch für den Verkäufer konnte das nur günstig sein, für den Fall, daß etwa der oft genug ebenfalls nicht allzu „moralische" Käufer nachträglich erfundene Mängel behauptete. Der Wert dieses obrigkeitlichen Eingriffes in die Durchführung des Großhandels war dazu um so bedeutender in einer Zeit, da es außerordentlich schwer war, geschäftliche Streitigkeiten durchzuführen, und namentlich zwischen Kaufleuten, die an verschiedenen Orten wohnten, in Zeiten der schwerfälligsten Verkehrsmittel, des Geleitszwanges und eines unendlichen Gerichtswirrwarrs. Die Stadt Köln, die mit Hilfe ihres Stapels auf den sie kreuzenden und für den west- und mitteleuropäischen Handel hochbedeutsamen Wegen die daherkommenden Güter maß und untersuchte, ersparte damit den Vertretern dieses Handels tausende von schwerfälligen Prozessen und gab ihm überhaupt erst eine zuverlässige Grundlage. Daß die Kaufleute in den städtischen Kontroll- und Meßeinrichtungen keine Belästigung, sondern Mittel zur Festigung des Handels sahen, geht daraus hervor, daß sie und besonders auch ihre Kölner Vertreter diese oft freiwillig benutzten, auch wenn das von der Stadt überhaupt nicht gefordert wurde. Sie wünschten sich dadurch einwandfreie Zeugnisse über die Menge und die Beschaffenheit der Güter zu sichern, die sie verschickten oder verkauften. Noch im Jahre 1721 forderte z. B. die Kaufmannschaft aus diesem Grunde die Einrichtung eines besonderen Tranmaßes (s. unten Kap. II, 1), und die Blüte des Kölner Mineralwassergeschäfts im 18. Jahrhundert wurde damals auf das nur in Köln bestehende Kannenzähleramt zurückgeführt. Es ist kaum zu viel gesagt, wenn wir behaupten, daß die Blüte des älteren Kölner Handels auf diese vielgestaltigen, damals aber zeitgemäßen öffentlichen Einrichtungen mit zurückzuführen ist und daß gerade diese die fremden Kaufleute mit nach Köln zogen.

So verbanden sich das finanzielle Interesse der Stadt und das des Handels zu einer wertvollen Einheit, und niemals sind indirekte Steuern berechtigter und zugleich in der Eigenart der Zeit besser begründet gewesen, als in der ganzen Periode vom ersten großen wirtschaftlichen Aufschwunge der Stadt an bis zu den besser geordneten Verhältnissen hin, die sich bei uns seit der französischen Herrschaft zu Anfang des 19. Jahrhunderts einleiteten.

Ohne Stadtmauer und Tore war, wie unten an vielen Stellen zu zeigen sein wird, die Durchführung des ganzen Steuer- und Gebührensystems unmöglich. Sie waren dessen erste unbedingte äußerliche Voraussetzung. Aber es war auch selbstverständlich, daß die Stadt es nur mit vollem Erfolge anwenden konnte, wenn sie die Güter und den Verkehr damit innerhalb der Mauer an bestimmten Stellen konzentrierte und diese mit einem Monopol ausstattete. Dieses erstreckte sich auf alle Güter, die im großen an einheimische oder auswärtige Wiederverkäufer abgesetzt wurden. Es scheinen aber auch die letzten Verbraucher accisepflichtig gewesen zu sein, sobald sie sich den Einkauf einer Ware im großen leisteten und so das Stapelrecht ausnutzten, das überhaupt nur für Einkäufe in ganzen Packungen galt [1]. Als Großeinkauf galt es z. B. auch, wenn ein Bürger für die Hausschlachtung, die noch im 18. Jahrhundert sehr verbreitet war, einen Ochsen oder ein Schwein erstand.

So kam es, daß sich der gesamte Kölner Warengroßhandel bis zur Franzosenzeit in öffentlichen Einrichtungen abwickelte und daß der Kaufmann sein Gut nur in die eigenen

---

1) Es war natürlich nicht zulässig, daß sich etwa ein Bürger auf Grund des Stapelrechtes im Fischkaufhaus einen Hering oder im Gürzenich ein Lot Pfeffer oder ein viertel Pfund Schinken kaufte!

Speicher nahm, um es dort zur Wiederausfuhr und zum Verkauf an anderen Plätzen zu lagern oder daß er es in seinem Hause durch das Ladengeschäft an die einheimischen Konsumenten absetzte. Der fremde Kaufmann, der in Köln einen Käufer suchte, war für Lagerung und Absatz überhaupt an städtische Speicher gebunden oder mindestens an die Räume seiner Kommissionäre („Wirte"), die aber von der Stadt gegen etwaige Steuerunterschleife vereidet waren und auch sonst halbamtlichen Charakter hatten. Wie bereits erwähnt wurde, war dieses Gut ja stapelpflichtig. Das galt auch für die Waren, die einem Einheimischen gehörten und ebenfalls in der Stadt im ganzen weiter verkauft werden sollten. Das Gut, das unverkäuflich war, weil es an seinen auswärtigen Eigentümer nur „durch"ging, mußte sich mindestens dem Umschlagsrecht der Stadt, diesem zweiten und seit dem Ende des Mittelalters wesentlichsten Teile des Stapels, unterwerfen. Hierzu waren aber auch Lagerräume und namentlich unten am Rheine eine Reihe von Kranen nötig.

Anlage und Art jener Verkaufszentralen hatten sich selbstverständlich nach der Natur der Güter zu richten. Für Fabrikate, Metalle, Gewürze, Drogen, Faserstoffe, Häute, Seefische, Salz, Öl und verwandte Stoffe, Seife, Wachs und Honig wurden besondere Kaufhäuser organisiert [1]. Ihre Entstehung erfolgte in der Hauptsache im 14. Jahrhundert und zwar in offenkundigem Zusammenhange mit der in der gleichen Zeit durchgeführten Ausgestaltung der Accisen und zu deren Sicherung. Im Jahre 1355 gründete die Stadt das Kaufhaus auf dem Alten Markt (Garn-, Flachs- oder Leinenkaufhaus) für Garn, Leinwand, Leder, Häute, Farbstoffe, Metalle (außer Eisen), Räucher-

1) Ausführliches über ihre Entstehung und Organisation sowie über die der Märkte vergleiche meinen oben Seite 5 genannten Aufsatz (Jahrb. d. Kölner Geschichtsvereins, 1913, S. 75—133), der im großen ganzen auch bis zum Ende des 18. Jahrhunderts gilt, sowie die Ergänzung dazu: „Das wirtschaftliche Leben im Kaufhaus Gürzenich und im Fischkaufhaus" (Mitteilungen des Rheinischen Vereins für Denkmalpflege, Jahrg. 5, Heft 1, 1911, S. 38—48). An ersterem Orte auch weitere Literaturangaben.

waren, Käse, Wachs, Südfrüchte. Seit Anfang des 16. Jahrhunderts beschränkte es sich, weil es zu klein geworden war, auf Flachs, Leinengarn, gröbere Leinwandsorten, Essig, Branntwein und Wachs, auf dieses aus der Umgegend.

Dieses Kaufhaus war zugleich die Halle für fremdes Tuch („Fremdenhalle" [1]). Für das kölnische entstand nach der Niederwerfung des demokratischen Weberaufstandes durch die Geschlechter auf den konfiszierten Verkaufshäusern der Weber i. J. 1373 die sog. Kölnische Halle im Nordwesten des Heumarktes. Im Jahre 1549 wurde die Fremdenhalle in das alte leer gewordene Kaufhaus auf dem Malzbüchel am Südwestende des Heumarktes verlegt und zu ihr gesellte sich dorthin seit 1568 die infolge des Verfalls der Kölner Wollweberei bedeutungslos gewordene Kölnische Halle, sodaß seitdem eine einheitliche Tuchhalle bestand. Gewebte Stoffe erforderten ja für das Nachmessen und die genaue Besichtigung der Ballen besondere Einrichtungen und dazu besondere große Schränke zum Lagern, die an die Kaufleute vermietet wurden. Daher waren für sie auch bestimmte Abteilungen im Kaufhaus und schließlich völlig selbständige Kaufhallen zu reservieren. In der späteren Tuchhalle befand sich im unteren Raume schon seit Anfang des 16. Jahrhunderts, als das Kaufhaus auf dem Malzbüchel mehr und mehr in den Gürzenich verlegt wurde, nur noch die Mehlwage, an der die oben genannte Mahl- und Malzsteuer erhoben wurde, was vorher auf der Kornwage am Südende des Heumarkts geschah. Sie hatte jedoch nichts mit dem Handel zu tun, da an ihr nur Bäcker, Brauer und seit der ersten Hälfte des 16. Jahrhunderts auch Branntweinbrenner verkehrten, die ihr bereits gekauftes Getreide über die Wage zur Mühle und von da den gleichen Weg zurückführten. Rein steuerlichen und nur gewerblichen Zwecken dienten auch das um 1350 am Rhein gegründete städtische Schlachthaus und die im Jahre 1373 an der Westseite des Heumarkts errichtete Fleischhalle, die beide auch vor allem für die sichere Ermittelung des

1) Über die Kölner Örtlichkeiten bes. des Mittelalters siehe vor allem auch H. Keussens erschöpfendes Werk: Die historische Topographie der Stadt Köln im Mittelalter. 2 Bde. Bonn 1911.

zum Verkaufe kommenden Fleisches zur Besteuerung bestimmt waren.

Im Jahre 1388 verlegte die Stadt ihre schon längst bestehende Warenwage („Domwage") in das neue schon genannte Kaufhaus auf dem Malzbüchel. Hier wurden Gewürze, Drogen, Sämereien, Hopfen, Reis, Baumwolle, Seide, Zucker, Öl und vor allem Eisen gehandelt und an zwei Wagen, der Seiden- oder Gewürz- bez. Eisenwage, verwogen, sowie die Kontrolle der Baumwollstoffe ausgeübt. Das spätere Schicksal dieses Hauses wurde bereits erwähnt. Als es gegen das Jahr 1500 zu klein geworden war, wandelte die Stadt ihre große Fest- und Tanzhalle, den Gürzenich, später auch „Eisenkaufhaus", in ein zweistöckiges Kaufhaus um, das auch Güter des Leinen- und Fischkaufhauses übernahm. Es wurde schließlich der Sitz des Handels mit den meisten Qualitätsgütern und auch mit Butter, Käse, Speck, Schinken, Talg, Seife und Häuten, sobald sie aus der Ferne kamen [1]. Für den Ölhandel, der sich auf die alte bedeutende niederrheinische Ölmüllerei stützte, wurde im Gürzenich ein besonderer Raum als „Ölmaß" eingerichtet, das im Jahre 1791 an den Rhein verlegt wurde. Beim Gürzenich mußten auch alle Güter vorfahren, die, nur zur Durchfuhr zu Lande bestimmt, einer niedrigeren Accise unterworfen waren. Er wies bis zur Mitte des 17. Jahrhunderts fünf, darnach drei besondere Wagen für seine verschiedenen Güter auf.

Bereits seit Anfang des 14. Jahrhunderts bestand für den Wollhandel und wohl auch zum Waschen der Wolle eine besondere städtische Wollküche, die nicht weit vom Neumarkt bei S. Caecilien lag und der etwa seit 1500 auch Blei und Zinkerz (Galmei) überwiesen wurden. Im Jahre 1425 wurde auch der Handel mit Seefischen, die damals alle nur getrocknet, eingesalzen oder geräuchert herangebracht werden konnten, vom Fischmarkt hinter dem Chore von

---

1) Schon im Mittelalter trieb Köln mit diesen Waren, die meist aus den Viehzuchtländern an der Nordsee stammten, einen auch von heute gesehen sehr bedeutenden Großhandel; s. Kuske, Hansische Geschichtsblätter 1909, Heft 2.

Groß-St. Martin abgetrennt und einem neuen auf der Stadtmauer erbauten Fischkaufhaus [1]) überwiesen, das um 1560 bedeutend erweitert wurde und mit dem Schlachthaus einen gemeinsamen Gebäudebereich bildete. Die früher auch dahin gehörigen übrigen fettigen „Ventgüter"[2]), die oben schon genannt wurden, gingen seit Anfang des 16. Jahrhunderts in den Gürzenich, wurden jedoch weiter im Fischkaufhaus versteuert. Teilweise kam ferner das Salz zum Lagern ins Fischkaufhaus, obwohl anscheinend vorwiegend in die Krane und besonders in den großen Hauskran, wo heute die Friedrich-Wilhelmstraße in die Schiffbrücke einmündet[3]). Es durfte jedoch auch in den Schiffen liegen bleiben. Diese Ausnahmestellung verdankte es dem besonderen Charakter des Salzmaßes, auf den noch zurückzukommen ist. Beim Fischkaufhaus befand sich auch als besondere Abteilung ein Tran- und Teermaß [4]).

Im Gegensatz zu den bisher genannten Gütern konnten grobe Massenwaren und das Vieh natürlich nicht in Kaufhäusern gehandelt werden. Für sie wurden besondere Großhandelsmärkte organisiert, und besonders hierin unterscheidet sich meist überhaupt der ältere von dem jetzt vorwiegend üblichen Markthandel.

Der Wochenmarkt, der in Köln auf dem Alten und östlichen Heumarkt und seit dem 16. Jahrhundert wohl nur auf dem ersteren stattfand, diente beim Umsatz von Gemüse, Obst, Sämereien, Wild, Geflügel und Eiern wie der heutige auch schon dem Absatz an weiterverkaufende Zwischenhändler, die sich zum Teil aber auch aus dem Gürzenich z. B. mit Gewürzen, Sämereien, Räucherwaren, Butter und Käse versorgten. Charakteristischer waren für die Zeit

---

[1]) Dem heutigen „Stapelhaus".

[2]) „Fentig" hatte den Nebensinn von leicht verderblich.

[3]) Über die Organisation des Kranes in Bonn s. Kuske, Bonner Schiffahrt. Annalen des Histor. Vereins f. d. Niederrhein, Bd. 81 (1906).

[4]) Die sonstigen kleinen Kaufhäuser, die vorübergehend im Mittelalter bestanden, sind für unseren augenblicklichen Zweck gegenstandslos; vgl. hierzu Jahrb. des Kölnischen Geschichtsvereins Bd. II.

bis zu Ende des 18. Jahrhunderts jedoch die Großhandelsmärkte. Der Viehmarkt, der auf dem Heumarkte und im Herbst auch auf dem Domhof abgehalten wurde, zerfiel in den „kleinen", der das ganze Jahr hindurch an zwei Wochentagen abgehalten wurde, und in den „großen", der als wirklicher Großhandelsmarkt gegen Ende Oktober und Anfang November eine Woche lang stattfand und in seiner Blütezeit gegen Ende des 16. Jahrhunderts und manchmal noch im 17. von 6—8000 Rindern beschickt wurde. Seine Bedeutung ging seit dem 17. Jahrhundert durchschnittlich auf 2—3000 Stück zurück.

Der Kornmarkt wickelte sich auf dem Heumarkt ab, seit dem 15. Jahrhundert besonders auf dem Alten Markt. Seit dieser Zeit nötigte die Stadt auch die Kornsendungen, vor dem Eintreffen auf dem Markt eine Stunde lang an den Einmündungsplätzen der Torstraßen halt zu machen, und es bildete sich so ein Kranz von anfangs vier, später im ganzen sieben Nebenmärkten rund um den Hauptmarkt, von denen auch zwei an den Torstraßen nach dem Strome zu lagen [1]).

Ähnlich dezentralisierte sich auch der Kohlenmarkt vom Heumarkt aus auf die Einmündungsstelle des Eigelsteintor-Straßenzuges im Norden der Stadt und des Trankgassentores [2]). Etwa seit Anfang des 17. Jahrhunderts verlegte sich sein Schwerpunkt auf das Rheinwerft, außerhalb der Stadtmauer, wo die Stadt eine Reihe von Kohlenhütten und -höfen einrichtete und an die Händler verpachtete [3]).

---

1) Auf der Trankgasse für niederrheinisches, auf der Rheingasse für oberrheinisches Getreide; im 18. Jahrhundert ging es durch die Kost- bez. Salzgasse ein. (Über die Gassen am Rhein s. S. 13.)

2) Vor Allerheiligen bez. S. Paul, — also nur im Norden der Stadt, da die Holzkohle meist aus dem waldreichen Bergischen Lande kam. Steinkohle wurde in Köln schon im 14. Jahrhundert von den Schmieden verwendet und in späterer Zeit namentlich auch von Brauern, Bäckern und Brennern. In den Hausgebrauch drang sie in Köln erst in den letzten Jahrzehnten des 18. Jahrhunderts in größerem Umfange ein. S. unten Kap. II, 2 (Kohlenarbeiter).

3) Diese waren verpflichtet, für den Winter genügende Vorräte zu halten und verkauften in einer bestimmten Reihenfolge. S. Han-

In der Nähe des Rheines, teils unmittelbar am Ufer, teils parallel zu dessen südlichem Teile oberhalb der Rheingasse, innerhalb der Stadtmauer, befanden sich auch der Holzmarkt und die Lagerplätze für Bausteine, Schiefer [1]) und Ziegelsteine. Ihre Verteilung entsprach ebenfalls der Lage der Ursprungsländer der Güter, deren Hauptbestand von den höher am Rheine gelegenen Gebirgsländern kam und meist auf oberrheinischen Schiffen und Flößen, die wegen einer klaren Übersicht über den Umschlag nicht unterhalb der Salzgasse anlegen durften, während sich von da an abwärts das Werft für die niederrheinischen Schiffe und Güter hinzog. Da aber Ziegelsteine und Holz auch vom Bergischen Lande und vom Niederrhein herangebracht wurden, hatte die Stadt auch auf diesem Teile des Ufers einen Lagerplatz dafür bestimmt, der bis zur Trank- und später zur Kotzgasse hinabreichte. Das Holz wurde in manchen geringeren Sorten auch auf dem Neumarkt verkauft. Es ist nicht sicher, ob das zu Lande kommende Holz schon im Mittelalter auf Heumarkt, Waidmarkt, Neumarkt und am Eigelsteintor verkauft wurde, wie in späterer Zeit. Zwischen die oberen und unteren Baustofflandestellen schoben sich die übrigen ein, und zwar reihte sich an die ersteren sofort der Wein an und darnach abwärts bestimmt gegliedert Kaufhausgüter und die von den Niederlanden kommenden Ventgüter.

Das Rheinufer wies zur Bedienung der Schiffe eine Anzahl Krane auf, deren Zahl im 14. Jahrhundert vier betrug, sich aber dann bis zum 16. auf sieben steigerte. Im 18. war sie auf sechs gesunken. Drei von den sieben standen, aus Stein gemauert, auf dem Lande (Hasengassen-, Haus- und Mühlengassenkran), während die übrigen Schiffskrane waren, die sich dem Wasserstand anpassen konnten [2]). (Für

---

dels- und Verkehrsabteilung des Kölner Stadtarchivs, künftig nur mit H zitiert, nr. 206, 207a u. b. (Das Verzeichnis der gesamten Akten dieser Abteilung ist veröffentlicht in den Mitteilungen aus dem Stadtarchiv von Köln Bd. 33, Köln, Dumont-Schauberg 1911.)

1) Dieser auf dem Leystapel nördlich des Holzmarktes.

2) Im 14. Jahrhundert: an der Rheingasse, Markmansgasse, zwei an der Neugasse. Keussen, Topographie I S. 141*. Später der

den mit den Kölner Örtlichkeiten weniger vertrauten Leser sei bemerkt, daß die obere und untere Grenze des wirtschaftlichen Lebens am Ufer etwa durch die Kleine Witsch- und die Kotzgasse bestimmt wurden, die eine Uferstrecke ungefähr von der Länge eines Kilometers einschließen. Dazwischen stießen die folgenden für seine Einteilung wichtigen Gassen und deren Ausgangspforten der Reihe nach von oben nach unten auf das Werft: Große Witschgasse, Filzengraben, Rheingasse, Hasengasse, Markmansgasse — jetzt Friedrich-Wilhelmstraße mit Schiffbrückenanfang —, Salz-, Mühlen-, Neu-, Trankgasse. Zwischen Salz- und Markmansgasse befand sich auf Grund des Kölner Stapels gleichsam die Grenze zwischen Mittel- und Niederrhein!)

Der Hauskran war der stärkste und bedeutendste von allen. Er übernahm daher die schwersten Güter und teilte sich mit den stromaufwärts stehenden Kranen in den Wein, von dem er bis zu 2 Fuder zugleich heben durfte [1]. Er bediente besonders auch die in der inneren Stadt liegenden Kaufhäuser und war zugleich selbst Lager- und nebenbei manchmal Verkaufshaus für die auf Grund des Stapels umzuschlagenden oder auch zu veräußernden Güter. Namentlich lagerte hier auch das Salz. Wegen dieser besonderen Aufgaben waren ihm eine Wage und ein größerer Lager- und Arbeitsplatz bis zur Salzgasse hin zuerteilt. Hier stand dann auf dem Wasser sein „Compagniekran", der Salzgassenkran, der mit ihm Hand in Hand arbeitete, indem sich beide gegenseitig die ober- und niederrheinischen Umschlagsgüter zureichten bez. abnahmen.

In den späteren Jahrhunderten waren auch Hasengassen- und Mühlengassenkran mit Lager- und Wiegeeinrichtungen und Verkaufsstätten versehen, letzterer beson-

Rheingassen-, Hasengassen-, Markmansgassen- („Hauskran"), Salzgassen-, Mühlengassen- („Marcellen"-), Neu- und Trankgassenkran. Der Neugassenkran, auf den sich vermutlich im 16. und 17. Jahrhundert auch der bezeichnende Name „Elefantenkran" bezog, bestand im 18. nicht mehr. Vgl. bes. H. 538—41.

1) Die Aufgaben der einander benachbarten Krane verschoben sich mitunter etwas im Laufe der Jahrhunderte, was für uns nicht wesentlich ist.

ders für niederländische Güter. Die Krane waren natürlich vor allem auch die ausführenden Organe des Stapels, soweit er sich am Rheine vollzog, und waren daher sehr stark beschäftigt. Dem entsprechend war das Kranengeld eine der bedeutendsten ordentlichen Einnahmequellen der Stadt [1]).

Einen besonderen Markt hatte die Stadt seit Anfang des 14. Jahrhunderts noch in nächster Nähe der am Duffesbach vor der Südseite der alten Römermauer sitzenden Blaufärber für den Waid, den Vorläufer des Indigo, eingerichtet, den W a i d m a r k t, auf dem auch Getreide gehandelt wurde. Die sonstigen Nebenmärkte kommen für unsere Untersuchung nicht in Betracht.

Von dem allgemeinen Kaufhaus- und Marktzwang war allein der W e i n ausgeschlossen, dieses alle anderen weit überragende Hauptgut des älteren Kölner Handels. Für ihn hätte die Stadt bei den großen Mengen, in denen er herangebracht, getrunken oder allmählich weiterspediert wurde, einen ungeheuren Zentralkeller anlegen müssen, was natürlich unmöglich war. Die Lagerung am Rhein war ausgeschlossen, da der Wein durch Hitze oder Kälte verdorben worden wäre. Und so ließ die Stadt hier unter noch zu erörternden besonderen Maßnahmen die Einbringung in private Keller zu.

Alle diese Einrichtungen erforderten naturgemäß eine große Anzahl von Verwaltungs- und Steuerbeamten und von vereideten Verkaufsvermittlern zur Feststellung der Preise, besonders wenn die Accise vom Wert erhoben wurde, ferner von Personen zum Wiegen, Messen und Zählen, zur Durchsicht und zum Transport der Güter. Sie wurden die Grundlage und der Schauplatz vor allem von einer zahlreichen und bunt gegliederten Arbeiterschaft.

---

1) S. die Einnahmeverzeichnisse bei R. K n i p p i n g, Kölner Stadtrechnungen I S. 66 ff.

II.

Gliederung und Aufgaben der Arbeiterschaft.

1. Auf dem Rheinufer und seinen benachbarten Märkten.

Die größte Zahl von Arbeitern und Beamten beschäftigte das Rheinufer, wo im Mittelalter etwa 200, in späteren Jahrhunderten 300 Personen im Dienste des Handels und Verkehrs standen. Die einzelnen Verrichtungen des Tragens, Messens und Zählens waren gemäß der durch das gesamte damalige Wirtschaftsleben gehenden genossenschaftlichen Bindung und Monopolisierung scharf gegeneinander abgegrenzt. Jede Arbeitergruppe hatte das alle anderen Arbeiter und sonstigen Personen ausschließende alleinige Vorrecht auf die Ausübung ihrer Aufgaben. Diese unterschieden sich von einander je nach den besonderen Anstalten am Ufer, nach den Güterarten, nach der Richtung der Güterbewegung und nach den sonstigen sich auf die Güter beziehenden Handlungen.

Die Krane.

Der ankommende Schiffer meldete sich bei den für seine Güter zuständigen Steuerbüros unter genauer Deklaration der Ladung und erhielt dann von den betreffenden Accisemeistern einen Einfuhr- oder Umschlagserlaubnisschein, den er an dem Kran vorwies, an dem er zu löschen hatte und vor dem er für die Löschzeit anlegte. Darauf wurde er von diesem bedient.

Das Personal an den Kranen gliederte sich in den Kranenmeister und -schreiber [1], sowie in besondere

---

1) Die Meister und Schreiber lieferten die unmittelbaren Grundlagen für die Steuererhebung, die endgültigen Listen. Manche Krane standen unter einem gemeinsamen Meister oder auch Schreiber. Bei den kleineren waren auch mitunter beide Posten vereinigt. Der

Arbeitergruppen, die uns hier nun vorwiegend interessieren [1]).

Der leitende Arbeiter war der Kettenknecht (Kettenmann), von denen jeder Kran einen aufwies. Er übernahm die Güterstücke im Schiff, befestigte sie an der Kette und notierte dabei auf eine Schiefertafel ihre Anzahl, sowie ihre Zeichen und Nummern. Das Gleiche tat er beim Verladen. Er war für die richtige Ablieferung der Güter verantwortlich und oftmals besonders für die nur umzuschlagenden Güter der Vertrauensmann der Kaufleute, die ihm das Verzeichnis der Güter, die sie erwarteten, und die Schiffe, worin diese kommen und dann weitergehen sollten, aufgaben. Er vermittelte dann selbständig die richtige Umladung und Weiterbeförderung. Er berechnete das Kranen-

---

Schreiber (im 16. Jahrhundert auch schon „*boichhalder*"), führte eine „*kladdboich*" („*journalbuch*" oder „*ferien*") über die den Kran passierenden Kaufleute und Güter, die der Meister ins „Hauptbuch" übertrug, das er wöchentlich der Steuerbehörde vorlegte. Er kassierte an manchen Kranen das stets bar zu zahlende Kranengeld ein, das auch von den Schiffern entrichtet werden mußte, die ohne Kran ausluden oder auf besondere Erlaubnis des Rates ohne umzuschlagen an der Stadt vorbeifahren durften. Es wurden außerdem besondere Bücher für den Wein geführt, weil dieser sich in die Stadt verstreute und auf besondere Weise durch die Steuerbehörde kontrolliert wurde, der die Weinbücher dann präsentiert werden mußten. Die festen Krane mit ihren Wagen unterhielten außerdem Wiegebücher, die mit denen der Kaufhäuser verglichen wurden, ferner noch die Bücher über den bei ihnen erfolgenden Verkauf, der ja auch accisepflichtig war, sowie über das Standgeld für die Benutzung der Lagerplätze bei den Kranen. Die Kranmeister mußten infolge dieser Einrichtung mindestens lesen und schreiben können und später auch Kenntnisse in der „Buchhaltung" aufweisen. Man nahm daher meist ehemalige Kaufleute zu diesem Posten. Im Mittelalter war die Buchführung anscheinend bedeutend einfacher. Es wurde nur ein Tagebuch geführt. Vgl. über das alles H 545.

1) Eine ähnliche Einteilung des Personals fand in der Nachbarstadt Neuß statt, wie überhaupt die westdeutschen Städte vielfach die Kölner Einrichtungen nachahmten. Vgl. F. Lau, Neuß (Veröffentlichungen zur Rechts- und Wirtschaftsgeschichte der rheinischen Städte der Gesellschaft für Rheinische Geschichtskunde. Bonn 1911, S. 143*).

geld und trug nach seinen Dienststunden die Rechnungen darüber bei den Kaufleuten aus und zog es ein. Am Hauskran war er außerdem zugleich Wiegemeister. Deshalb war der dortige Kettenmann der angesehenste [1]. An seine Stelle zu kommen, galt bei den Kettenleuten der anderen Krane als Beförderung; er selbst konnte hier sogar Kranmeister werden. Der Kettenknecht war der Vorgesetzte der anderen Arbeiter und dirigierte sie.

Das waren vor allem die Raderknechte (Kranentreter, Radtreter, „Kranenkinder"), von denen jeder Kran vier aufwies. Sie standen in den großen Holzrädern, mit denen der Kran betrieben wurde, und setzten sie auf Befehl des Kettenknechts durch Treten in Bewegung. Sie waren auch sonst bei den am Kran erforderlichen Handgriffen behilflich.

Am Hauskran wurden sie durch vier Kranenarbeiter [2]) ergänzt, die hier wegen der Größe des Umschlages und des ausgedehnten Lagers notwendig waren. Diese arbeiteten besonders auch auf dem zum Kran gehörigen Platze, vermittelten die oben erwähnte Verbindung mit dem Salzgassenkran, und transportierten daher die vom Hauskran kommenden Güter bis zur Salzgassenpforte, wo sie von Kettenmann und Raderknechten des Kompagniekrans übernommen wurden, die ihnen an derselben Stelle ihre für den Hauskran bestimmten Güter übergaben [3]. Die beiden Krane warfen deshalb die von diesen gemeinsam umgeschlagenen Gütern kommenden Kranengelder bez. Löhne zusammen und verteilten $^{2}/_{3}$ davon an die 8 Mann des Haus- und $^{1}/_{3}$ an die 4 des Salzgassenkrans.

Das Kranenpersonal wurde wegen der Gefahr, die besonders den Schiffskranen vom Wasser her drohte, angehal-

---

1) Über die Löhne s. letztes Kapitel.

2) Der Ausdruck wurde gelegentlich auch auf die Kranenkinder angewendet.

3) Im Jahre 1743 überlegt der Rat, ob er nicht für die dabei vorkommenden zu schweren Stücke eine „machine" errichten soll. H 541, 44. — Die Hauskranenarbeiter hatten das Recht, auf dem Raum zwischen beiden Toren zu arbeiten, allein.

H 541, 546. W. Stein, Akten zur Geschichte der Verfassung und Verwaltung der Stadt Köln im Mittelalter. Bd. II S. 650 (1893).

ten, in der Nähe des Flusses zu wohnen; und hatte daher zum Teil Dienstwohnungen in den Stadttoren und Gassen am Rhein.

Die Kranenknechte und -arbeiter hielten im Mittelalter auch Karren und beförderten auf eigene Rechnung Güter in die Stadt. Im Jahre 1473 beseitigte das der Rat auf Veranlassung der freien Fuhrleute [1]. In späterer Zeit hielten sie gelegentlich wieder Schubkarren. Die Raderknechte des Salzgassenkrans transportierten auch die Ventgüter, mit denen sie zu tun hatten, besonders in der Heringssaison [2] in das benachbarte Fischkaufhaus. Am Hauskran waren im 18. Jahrhundert für die Beförderung des Reisegepäcks und kleiner Warenposten, soweit beide auf holländischen Schiffen am Rhein- und Hasengassenkran ankamen, in die Stadt zwei besondere Schürger tätig [3]. Zur Aushilfe wurden bei sehr großem Güterandrang auch noch einige Tagelöhner vorübergehend eingestellt.

Es wurde bereits erwähnt, daß die drei größeren Landkrane auch Wagen hatten. Daher waren hier noch je ein besonderer Wiegemeister und je zwei Wiegeknechte nötig, von denen jener das Gewicht feststellte und buchte und diese die Güter und Gewichte an den hängenden großen Wagschalen auf- und ablegten.

Im ganzen waren an den Kranen seit dem 16. Jahrhundert etwa 50 Personen regelmäßig beschäftigt.

Zwischen, über und unter der Reihe der Kranen arbeiteten nun zahlreiche andere Gruppen je nach der Art der Güter. Verfolgen wir diese abwärts am Ufer entlang, so stoßen wir zuerst auf die Arbeiter des Holz- und Steinmarkts, innerhalb und außerhalb der Mauer.

Die Arbeiter des Holz- und Steinmarktes.

Das Holz, das auch am unteren Teil des Werfts bei der Trankgasse gehandelt wurde, durfte erst in die Stadt

1) W. Stein, a. a. O. S. 506.

2) Von Anfang August an.

3) H 566. — Über die Schürgerorganisationen in Bonn s. Kuske, Bonner Schiffahrt: Annalen d. Histor. Vereins f. d. Niederrhein, Bd. 81 (1906).

gebracht werden, nachdem es gezählt worden war. Das geschah durch die Holzzähler (Zählknechte). Sie sortierten das Holz nach Baumarten, Qualitäten oder Größen [1]) und stellten die Zahl der Stücke fest, und zwar geschah das entweder auf dem Ufer oder auch in den Schiffen und auf den Flößen [2]). Sie gingen aber auch an die Stadttore und zählten dort das auf der Achse kommende Gut. Sie hatten bei den Brennholzscheiten darauf zu achten, daß diese in den von alters üblichen Stärken und Längen kamen [3]). Wieviel es solcher Arbeiter im Mittelalter gab, — sie sind schon im 14. Jahrhundert nachweisbar, — läßt sich nicht feststellen. Vielleicht war ihre Zahl ähnlich hoch wie im 16. Jahrhundert, in dem sich während der 70er Jahre 26 an der Trankgasse und 7 an der Rheingasse befanden [4]). In diesem Verhältnis spiegelt sich somit deutlich die damalige verschiedene Bedeutung des mittel- und oberrheinischen und des bergischen Gebietes für den Kölner Holzhandel wieder. In der weiteren Entwicklung ihrer Zahlen drücken sich auch späterhin die Verschiebungen in diesem Wirtschaftszweige aus. Die Holzversorgung ging seit dem 17. Jahrhundert infolge der Entwaldung der rheinischen Berge andauernd zurück, (s. S. 55) und besonders in der 2. Hälfte des 18. drängte sie die Verbraucher mit immer größer werdendem Nachdruck zum „schwarzen Brand", zur Steinkohle. Zugleich trat das Bergische Land immer mehr hinter den oberländischen Gebieten zurück. So kam es, daß in den letzten Jahrzehnten des 18. Jahrhunderts an der Trankgasse nur noch 4, dagegen an der Rheingasse wie in früherer Zeit 6 Holzzähler ihres Amtes warteten. Jede der beiden Abteilungen war scharf von der anderen getrennt und nur an ihrem Platze tätig. Nur in Notfällen durften sie einander vertreten.

---

1) Erlen-, Espen-, Birken-, Kirschbaum-, Weiden- und abgestorbenes Holz galten nur als sog. „Halbholz".

2) Kuske, Quellen II S. 2 (um 1450).

3) Die Förster im Lande draußen waren an diese Maße gehalten und wurden auf Veranlassung der Stadt Köln von den Landesbehörden bestraft, wenn sie sie unterschritten. Vgl. H 208.

4) H 208. Im Jahre 1594 waren an der Trankgasse 16—20, an der Rheingasse 6—8 tätig.

Das Holz wurde jedoch auch, wenn es in großen Stücken kam, gemessen. Im Mittelalter geschah das durch die vereideten Makler des Holzmarktes oder durch dessen höchsten Beamten, den Holzmeister, und zwar bei Bündeln mit Ringen und sonst nach eisernen Maßstäben. In späteren Jahrhunderten war jedoch dafür ein besonderer Holzmesser angestellt, der nebenher makelte und der für die Versteuerung eine Kladde führen mußte [1]. Im 18. Jahrhundert nährte das „Dienstchen" aber seinen Mann nicht mehr, sodaß er nebenher wieder ein Handwerk treiben mußte.

Im 16. und 17. Jahrhundert läßt sich überdies auf dem Holzmarkt ein obrigkeitlich konzessionierter Holzreißer (Holzhacker) feststellen, der gegen Lohn für die Bürger Holz zerkleinerte [2].

Im Gegensatz zu den meisten anderen Gruppen wurden die Holzzähler nicht durch Trägerkolonnen ergänzt, die nun etwa den Transport in die Stadt besorgten und dabei zugleich jene kontrollierten. Das lag daran, daß besonders das schwere Holz von Fuhrleuten befördert werden mußte, die aber fast durchweg in völlig freiem Berufe arbeiteten. Die Stadt nahm daher die Zähler alljährlich neu in Eid und bedrohte sie mit sofortigem Verluste des Dienstes und mit Halseisen und Pranger, wenn sie sich auch nur verzählten. Außerdem konnte sich der Kleinhandel kraft der sperrigen Natur des Gutes nicht in den engen Gassen und Häusern des alten Köln abwickeln. Er war daher an den Holzmarkt, und zwar an den im engeren Sinne zwischen Witsch- und Rheingasse, gebunden. Hier hatte die Stadt eigene Höfe abgegrenzt [3] und an die Holzhändler verpachtet, sodaß sie immerhin eine gewisse weitere Aufsicht zu üben vermochte.

In der Nachbarschaft des Holzmarktes wurden am Ufer auch die Stöße der Schieferplatten von zwei besonderen

---

1) Holzzähler und -messer gab es auch in Neuß: F. Lau, Neuß S. 138*.

2) S. zu den beiden obigen Abschnitten H 206. 210. 554. — Französ. Abteilung d. Kölner Stadtarchivs 58 C. 12.

3) Schon im 14. Jahrhundert 17: Keussen, Topographie S. 141*. Knipping, Stadtrechnungen I S. 66 f.

Leyenmessern gemessen [1]. Für die Ziegelsteine gab es bereits im Mittelalter zwei Ziegelsteinzähler, die zugleich alle nicht gut ausgebackenen oder mehr als zweimal zerbrochenen Ziegel zurückzuweisen hatten, ebenso die, welche nicht dem Kölner Normalmaß entsprachen [2]. Beide verteilten sich wohl über den oberen und unteren Ziegelstapelplatz.

Die Weinarbeiter.

Zum größten Teile am Rhein betätigten sich auch die Weinmesser, die Weinröder (im Mittelalter Virgierre oder Virgulierer), die sich schon in der ersten Hälfte des 14. Jahrhunderts nachweisen lassen [3], vermutlich aber auf noch frühere Zeiten zurückgehen; denn sie waren nicht nur aus steuerlichen Gründen, sondern auch für den Handel sehr wichtig. Der Wein wurde in sehr beträchtlich von einander verschiedenen Fässern gehandelt. Die Fuder [4] wichen in der Größe nicht nur landschaftlich nach dem Elsaß, Rheingau und der Mosel wesentlich von einander ab, sondern auch von Ort zu Ort. Stritt man sich doch noch lange während des 19. Jahrhunderts an der Mosel um ein Einheitsfuder. Und noch unbestimmter waren die Benennungen „Stück" und „Zulast", die meist überhaupt keine bestimmteren Maße, sondern eben nur rohe Stückbezeichnungen waren [5]. Es mußten dem Handel also ganz besonders hier bedeutende Weiterungen erspart werden, wenn vereidigte obrigkeitliche

---

1) Das Schiefermaß war schon im Mittelalter das Ries (rijs), in Köln ein Stoß Platten von $8^1/_2$ Fuß Dicke. Stadtarchiv Köln, Deutz A Caps II nr. 94.

2) Im Mittelalter 1 Fuß lang, $^1/_2$' breit, $^1/_4$' dick. Stein a. a. O. II S. 261.

3) Stein a. a. O. II S. 10. 14.

4) In Köln 873,6 l. Ein Fuder hatte hier 6 Ohm, je zu 26 Viertel. Ein Ohm war also 145,6, ein Viertel 5,6 l.

5) Im 18. Jahrh. z. B. stellte man in Köln einmal ein Rheingauer Stück mit 8 Ohm $2^1/_2$ Viertel, dagegen ein Moselstück mit 5 Ohm 6 Viertel fest. Eine Zulast war gleich dem Moselstück. Aber auch sonst konnten Stück und Zulast je fast um das Doppelte schwanken z. B. von 3—5 Ohm). S. H 442 bez. 445.

Messer unparteiische Maße des Gutes feststellten, das man bei seiner Empfindlichkeit und bei den Umständen, die das erfordert hätte, nur sehr schwer etwa umgießen konnte. Die Röder maßen den Wein im Faß mit Hilfe der sog. Visierruten und ritzten auf dem Boden der Tonne bestimmte Strichzeichen ein, die die genaue Größe bis auf das Maß bedeuteten und die sie auch den Kaufleuten auf einem Zettel verzeichneten. Schon im Jahre 1342 wurde ihnen die Ritzung erneut eingeschärft [1]). Später mußten sie mit einem heißen Eisen außerdem eine eigene Marke neben das Mengenzeichen einstanzen, damit man bei Beanstandungen leicht den Urheber der Angabe ermitteln konnte. Die Wichtigkeit des Amtes und die Aufrechterhaltung eines als endgültig anzusehenden Maßes erforderten auch, daß die Röder dafür ein Monopol haben mußten. Bereits im Jahre 1344 wurde es ihnen von der Stadt bestätigt und den anderen Bürgern verboten, überhaupt Visierruten zu besitzen. Im Jahre 1427 befahl der Rat zu dem gleichen Zwecke den Rödern, ihre Kunst geheim zu halten und keine Ruten an Uneingeweihte zu verkaufen [2]). Die Zeichen dienten als Grundlage der Besteuerung [3]), der Geschäftsabschlüsse und auch der Frachtberechnung. Die Kölner „Rode" war überhaupt weit und breit angesehen und maßgebend im Weinhandel und hat viel dazu beigetragen, Köln zu dessen dauerndem Mittelpunkt zu machen. Sie wurde an anderen Orten nachgeahmt, deren Röder in Köln „studierten" und sich auch hier in ihrer Kunst prüfen ließen. Die Stadt Köln selbst machte ebenfalls die Zulassung zum Röderberuf von einem Examen abhängig, dem sie die Kandidaten um eine frei gewordene Stelle unterwarf. Diese mußten sich an einem Stückfaß Rheingauer und

---

1) *Ind sy en soilen usserme kelre nyet ghain by yrrme eyde, sy en haven die wijne mit dem metze gestechen, die sy vergiert haint . . . . .* Stein II, S. 10.

2) Vgl. Stein a. a. O. II S. 14 bez. S. 236.

3) Im Herbst, wenn der junge Wein noch Unreinigkeiten enthielt, wurden dazu vom Ohm $3^1/_2$ Viertel zu Gunsten des Steuerzahlers weniger berechnet, sodaß nur das „Klare" der Accise verfiel. Man unterschied darum den „Trüben"- (verunstaltet „Trauben"-) von dem „Lauterstich". H. 442.

Mosel, sowie einem Faß Branntwein, einer Ölpfeife [1]) und einem Faß Öl mit der Rute versuchen, deren Inhalt vorher durch die als zuverlässiger geltende Wasseraiche festgestellt worden war. Derjenige Bewerber, der dem richtigen Maß am nächsten kam, sollte die Stelle erhalten. Im 18. Jahrhundert war die Prüfung jedoch zum Teil zur Komödie geworden, da der Rat schon vorher unter der Hand meist auf Veranlassung eines einflußreichen Mitgliedes seine Auswahl getroffen hatte und den betreffenden Bewerber nur mit den anderen, weniger begünstigten einem ungefähren Fähigkeitsnachweis unterwarf. Er stellte ihn dann ein, auch wenn er nicht die besten Leistungen aufwies [2]).

Die Zahl der Röder stand im Mittelalter auf zwei, die durch zwei sog. Beseher ergänzt wurden. Später ist immer nur von 4, zuletzt von 5 Rödern die Rede, von denen stets einer am Severinstor auf die Weinladungen warten mußte, die dort mit dem Wagen auf der Bonner Landstraße in die Stadt eingingen. Die übrigen mußten sich am Hauskran aufhalten und verteilten sich von da aus nach Bedarf an andere Krane oder nach den Kellern der Bürger, die in der Stadt selbst Wein gebaut und gekeltert hatten [3]). Sie wechselten zwischen Tor und Rheinufer entweder nach dem Los oder nach dem Alter ab [4]), da anscheinend die verschiede-

---

1) 1 Pfeife Öl = 3 Ohm 6 Viertel = 469,8 l; 1 Faß Öl = 1/2 Pfeife.

2) Die Leistungen wurden nach der Summe der Strafpunkte bestimmt, die der Kandidat für jedes zu viel oder zu wenig geschätzte Viertel erhielt. Im Jahre 1777 unterzogen sich z. B. einmal zugleich 22 Mann der Prüfung. Die Leistungen schwankten von nur 4 bis zu 34 Strafpunkten. Der Durchschnittsfehler war ½ Ohm von 25½, die im ganzen zu schätzen waren, also 2%. Einige Kandidaten hatten jedoch bei mehreren Fässern „*netto*", das ist die Wasseraiche, getroffen. Der Beste erhielt aber auch hier die Stelle nicht. H 442. Vgl. auch H 444.

3) Der „Kölner Bleichert" war sogar Handelsartikel, allerdings wohl auch besonders zur Essigbereitung, die in Köln schon mit aus dem Grunde relativ recht bedeutend war! Noch in den ersten Jahrzehnten des 19. Jahrhunderts waren in der Stadt, besonders in dem großen freien Südviertel, etwa 120 Morgen mit Wein besteckt!

4) Derartige Grundsätze waren von Jahrhundert zu Jahrhundert verschieden! Vgl. Stein II, 58. 275, dgl. H 442.

nen Punkte verschiedene Beliebtheit unter ihnen genossen. Da sie den Lohn vermutlich gemeinsam teilten, suchte jeder natürlich den Eingangsort auf, der die wenigste Arbeit erforderte!

Es wurde bereits angedeutet, daß die Röder auch Essig und den Branntwein maßen, der etwa seit dem Jahre 1500 in den Kölner Handel und Verbrauch eindrang, sowie auch das Öl. Dieses gehörte, wie erwähnt, in das Ölmaß des Gürzenich, wurde aber am Rhein zur Kontrolle vorgerödert und auch dort im Fischkaufhaus versteuert. Besonders aber war die Rode bei dem sog. „Speditionsöl" nötig, das am Rhein blieb und nur von Schiff zu Schiff ging. Im Jahre 1791 wurde auch das Ölmaß an den Strom verlegt [1]).

Nachdem das Ergebnis der Rode der Steuerbehörde vorgelegt und von dieser für die Besteuerung gebucht war, durfte der Wein eingekellert werden. Das geschah durch die vereideten Weinschröder, deren es in der Stadt zur Zeit der größten Blüte des Kölner Weinhandels während des 16. Jahrhunderts nicht weniger als 60 gab, und die schon im 14. Jahrhundert ausdrücklich zu den „Arbeitsknechten" der Stadt gezählt wurden [2]). Sie wurden von den Rheinmeistern, den höchsten Aufsichtsbeamten über den Weinhandel, mit Genehmigung des Rates eingestellt. Sie stempelten die von der Steuerbehörde gebuchten oder auch bar besteuerten Weine ab und zwar, da die Accise je nachdem, ob der Wein in der Stadt im Garten eines Bürgers gewachsen oder von einem Fremden gekauft war oder auch wieder ausgeführt werden sollte, von anderer Höhe war, mit verschieden gefärbten Wachssiegeln [3]). Sie führten Buch über die Fässer und hatten ihre Aufzeichnungen wöchentlich der Steuerbehörde vorzulegen, die sie dann

1) Vgl. Kuske, Wirtschaftliches Leben im Kaufhaus Gürzenich. S. 40. 43. und H. 390.

2) Stein II 42 (1374). — H 445. — Auch in Neuß war eine Schröderorganisation vorhanden, die dort seit 1440 eine Art Zunft bildete und nicht mehr als 12 Mitglieder umfassen durfte. Lau, Neuß S. 93*. Schröder auch in Frankfurt, s. K. Bücher, Bevölkerung von Frankfurt. Tübingen 1886 S. 145 usw.

3) Bürgerwein rot, Fremdenwein gelb, Ausfuhrwein grün oder schwarz. Versteuerter Südwein, Essig und Branntwein, die in die Kaufhäuser gehen mußten, erhielten ein rotes Zeichen. H. 445.

mit den ihrigen verglich. Die Analphabeten unter ihnen wurden ebenso häufig wenigstens daraufhin vereidigt, daß sie nicht mehr geschradet hatten, als die Röderzeichen besagten, die ihnen von jedem Faß vom Röder oder Kaufmann gegeben wurden und deren Figuren sie natürlich verstanden.

Der Wein, der vom Kran oder Tor aus der Hand des Röders in die Stadt transportiert wurde, lief nun auf Risiko (*„sorg und angst"*) des Schröders. Daher durften sie auch selbst ihnen geeignet erscheinende Karren halten, und sie hatten mindestens das Recht, die der Fuhrleute zu kontrollieren und zurückzuweisen, wenn sie davon Gefahr für die Ladung befürchteten. Als sie jedoch einmal versuchten, den Transport vom Rheine aus in den Händen einiger von ihnen abhängiger Fuhrleute zu monopolisieren, griff der Rat zu gunsten der Freiheit der Beförderung und der übrigen Fuhrleute dagegen ein [1]).

Sie hatten dagegen allein das Recht, die Fässer in die Keller zu legen und dabei immerfort über die dort befindlichen Mengen und deren Abgang im Interesse der Stadtkasse Wache zu halten. Sie holten ebenso den Wein, der etwa im großen wiederverkauft oder exportiert wurde, wieder auf den Kellern heraus [2]). Ihre Schradgerätschaften durften sie daher nicht in unberechtigte Hände geben. Sie übernahmen auch die Pflege des Weines im Keller, reinigten die Fässer und besserten sie aus. Es scheint demnach, daß sie meist sachverständige Böttcher waren, wie sie ja auch der Faßbindergaffel angehörten [3]). Es läßt sich nicht nach-

---

1) Stein II S. 506.

2) Ebd. II S. 459.

3) v. Loesch, Die Kölner Zunfturkunden nebst anderen Gewerbeurkunden bis zum Jahre 1500 (Bonn 1907). Bd. II S. 54. Die Gaffeln waren in Köln 22 Korporationen, die aus einer oder mehreren Zünften bestanden, bei denen aber auch alle nicht in Zünften befindlichen Bürger eingeschrieben sein mußten. Jede von ihnen hatte eine gleiche Zahl Ratsherren aus ihrer Mitte zu wählen. Meist waren sie zugleich gesellige Vereinigungen, die besondere Versammlungs- und „Klub"häuser hatten. Vgl. W. Tuckermann, Die Häuser der alten Zünfte und Gaffeln: Mitteilungen des Rheinischen Vereins für Denkmalpflege und Heimatschutz, Jahrg. 5 (1911), Heft 1, S. 82—95.

weisen, daß die Schröder etwa in einer bestimmten Reihenfolge arbeiteten. Man muß vielmehr vermuten, daß sie frei von den Bürgern und Kaufleuten zur Arbeit ausgewählt wurden, da diese ja in hohem Maße Vertrauenssache war, und daß sie somit je nach ihrer Tüchtigkeit wenig oder viele Kunden hatten und auch dementsprechende Einkommen.

Die Gepäckträger.

In der Nachbarschaft der Röder hielt an der Rheingasse auch eine Anzahl Packträger (Päckelchesträger), die sich jedoch auch auf das Trankgassen-, das Eigelstein- und Hahnentor verteilten, das war also auf die vier wichtigsten Eingänge für die Reisenden, die vom Ober- oder Niederrhein zu Schiff kamen, bez. auf den Straßen von Norden und Westen her mit dem Wagen[1]). Für sie trugen die Arbeiter das Gepäck oder auch kleine leichte Handelsgüter. Diese Verrichtung war vermutlich bis zu Anfang des 18. Jahrhunderts ein freier Beruf gewesen. Um diese Zeit wenigstens waren geradezu italienische Zustände in Köln eingerissen. Die Reisenden wurden von den Trägern, die dazu noch gute Bekannte mitbrachten, überfallen, ihr Gepäck ohne Auftrag weggenommen und gegen ihren Willen in irgendwelche Gasthäuser geschleppt, wofür die Träger dann natürlich ungebührlich hohe Löhne forderten und widerspenstige Zahler mißhandelten oder beschimpften. Daher griff der Rat hier im Jahre 1711 ein und beschränkte die Zahl der Träger auf 12, die immer einen Berechtigungsschein bei sich führen mußten und nur bei Krankheit einen nichtkonzessionierten Stellvertreter schicken durften. Um 1740 aber hielten wieder allein an der Rheingasse soviel, die jedoch, obwohl sie das Monopol für alle oberländischen Schiffe besaßen, so wenig verdienten, daß der Rat beschloß, sie fortan auf 8 absterben zu lassen, was auch geschah. An der Trankgasse wurden daneben endgültig 7 aufgestellt. In der Stadt war der Dienst deshalb unbedeutend, weil hier das Austragen des Gepäcks meist von den

1) Das Severinstor für den Bonner Verkehr wird nie genannt. S. hierzu S. 28, Anmerk. 2.

Hausknechten der Posthalter besorgt wurde oder auch sonst an die Fuhrunternehmer selbst vergeben war [1]), sodaß sich hier nur ganz vereinzelt ein Mann ernähren konnte.

Seit 1711 ordnete der Rat zugleich die Gepäckbesorgung so, daß die Reisenden nicht mehr belästigt werden sollten.

Der Inspektor des oberen, bez. des unteren Holzmarktes übernahm die Leitung. Er schützte die Reisenden vor dem Andrange der Träger, indem er deren Reihenfolge bestimmte. Der Reisende accordierte in Ruhe, wobei der Torschreiber, der in der Nähe im Tore saß, den Ausschlag gab, falls sich beide nicht einigen konnten. Den einzelnen Trägergruppen wurden nun auch bestimmte Stadtviertel zugewiesen [2]). Seit 1785 wurde eine feste Taxe nach Schwere und Entfernungen verwendet. Der Holzherr wieß den ankommenden Fremden sofort an den Schalter des Torschreibers, der diesem gegen eine geringe Gebühr einen Schein über den Preis ausstellte, den er für seinen Auftrag zu zahlen hatte. Der Träger war dann nur noch das stillschweigend ausführende Organ! [3]). Der Reisende durfte auch eigenes Personal verwenden; jedoch keine Schiffer. Die Träger hatten am Rhein gemeinsam 3 Karren zu stellen, deren Unterhaltung jedoch die Stadt bezahlte. Es wurde schon erwähnt, daß auch die zwei Schürger des Hauskran am Gepäcktragen für ganz bestimmte Schiffe teilnahmen.

---

1) Es kamen regelmäßige Postwagen von Nimwegen, Düsseldorf, Aachen und Bonn her nach Köln, die in preußischen, jülich-bergischen, sowie Turn- und Taxis'schen (kaiserlichen) Diensten liefen. Die Posthalter wurden daraufhin vereidigt, daß sie keinen Acciseschmuggel trieben oder begünstigten, und wurden damit für ihre Leute verantwortlich. H 566.

2) Die an der Rheingasse bis zur Salzgasse, die der Trankgasse von da abwärts. In der inneren Stadt scheint die Hohestraße die Grenze gebildet zu haben. Die Träger am Eigelstein- und Hahnentor hatten jenseits dieser Straße ihre Bezirke. Der Süden der Stadt scheint ausschließlich von der kaiserlichen Post aus bedient worden zu sein.

3) Vgl. zu dem Abschnitt immer H 566.

Die erzbischöflichen und städtischen Salzarbeiter.

Beim Hauskran begann der Bereich der niederrheinischen und niederländischen Güter, die schon dort bereits gelöscht oder mindestens auf die oberrheinischen Schiffe umgeschlagen wurden. Unter diesen beanspruchte zunächst das Salz, das meist im Hauskran und dem festen Mühlengassenkran beim Fischkaufhaus lagerte, seine besondere Arbeitsorganisation, deren bedeutendste die des Salzmaßes war, das der Erzbischof als einen der letzten Reste seiner ehemaligen Herrschaft über die Stadt bis zu deren Übergang an den französischen Staat ununterbrochen behauptet hatte. Die Entstehung dieses Maßes reicht wohl sicher weit in die Zeit der erzbischöflichen Regierung vor der Verselbständigung der Stadt zurück. Sie hing nicht nur mit einer einseitigen Maßnahme für den Salzhandel zusammen, und das Salzmaß ist nicht allein ein Recht des Erzbischofs gewesen, das irgend einen zufälligen Charakter hatte und für sich allein stand [1]. In diesem Maße drückte sich vielmehr sehr deutlich und umfassend die öffentlich-rechtliche Stellung des alten Stadtherrn in und auf dem Strome vor der Stadt aus. Der Erzbischof erhob bis in die Zeit der finanzpolitischen Emanzipation der Stadt von den zu Lande hereinkommenden Gütern Zölle und von ihrem Verkauf Verkehrsteuern und zwar ursprünglich als Gegenleistungen für die von seinen Behörden organisierten Markteinrichtungen und die dabei gewährte Sicherheit des Güteraustausches. Ebenso erhielt er als Entgelt für die von ihm zu unterhaltenden Werfteinrichtungen einen Rheinzoll [3], der als Eingangs- und Vorbeifahrtszoll zugleich zu denken ist und von den Schiffen und

---

1) Wie es nach Lau scheinen könnte: Entwicklung der kommunalen Verfassung und Verwaltung der Stadt Köln bis zum Jahre 1396. Bonn 1898, S. 65 u. 287.

2) Knipping, Stadtrechnungen S.

3) Im 10. Jahrhundert gehörte dieser noch dem Könige. Somerlad, Rheinzölle, S. 47.

Gütern gezahlt werden mußte [1]) Bei diesen ist zu beachten, daß sie entweder in festen Packungen oder in loser Schüttung ankamen. Die Tonnen, Kisten, Säcke, Ballen, Körbe und anderen Stücke wurden in der Regel durch die Krane gelöscht und verladen und hierbei einer Beaufsichtigung zur Besteuerung unterworfen. Für die in loser Schüttung eintreffenden Güter waren aber besondere Maßnahmen nötig, wenn man ihren Mengen beikommen wollte, und das geschah durch ein Meßinstitut, das von den Salzmüddern gehandhabt wurde. Tatsächlich maßen diese nicht nur Salz [2]), sondern auch Getreide und Früchte [3]). Der alte

---

1) Gedr. Hansisches Urk.-Buch III S. 294 ff. Das hier von Höhlbaum gegebene Datum (1350—60) bezieht sich wohl nur auf eine neue Niederschrift des Tarifs. Der Zoll gehört meines Erachtens in eine viel frühere Zeit, und zwar in das von Lau a. a. O. S. 60 geschilderte erzbischöfliche Zollsystem, unter dem wir uns nicht nur Zölle im modernen Sinne des Wortes zu denken haben, sondern auch das System der indirekten Steuern, soweit sie auf dem Güteraustausch lagen. Der Begriff *telonium* der Urkunden ist in jener Zeit (11. bis 13. Jahrhundert) sehr weit und bezeichnet eine Abgabe, die von jeder Art Güterzirkulation erhoben wird; ja, meist in der Stadt sogar nur, „*si vendiderint*" oder *si . . . emerint* (Hansisches U.-B III S. 385; Knipping, Regesten der Erzbischöfe von Köln Bd. II nr. 28), also wenn nach modernen Begriffen kein Zoll, sondern eine Verkehrssteuer einsetzen mußte. Erst im späteren Mittelalter wird die *accisia*, die Verkehrssteuer, schärfer unterschieden, d. i. in Köln die *accyse* von dem *tol* im engeren Sinne. (Auch Lamprecht hat bereits vor Jahren auf diese Begriffsentwicklung hingewiesen: Deutsches Wirtschaftsleben im Mittelalter Bd. II 1885 S. 271). Es muß in der Darstellung von Lau auffallen, daß der Erzbischof keine Abgaben vom Verkehr auf dem Rheine vor der Stadt erhoben haben soll. Diese haben m. E. aber neben denen innerhalb der Stadt selbstverständlich bestanden und wenn nicht in gleicher, so doch in ähnlicher Fassung wie sie Höhlbaum im Hans. U.-B. gibt. Letztere findet sich dann ähnlich wiederholt in der Statutenbestätigung für die Salzmüdder, die Erzbischof Dietrich II. im Jahre 1453 erließ; gedr. Kuske, Quellen II S. 59.

2) So Lau a. a. O. S. 65.

3) Daß Getreide und Salz zum großen Teil lose geschüttet transportiert wurden, geht aus zahlreichen Quellen hervor. Auch beim Salz über-

erzbischöfliche Zolltarif spricht sogar von Kalk, Walkerde und Steinkohlen: Wer das alles zu Schiff nach Köln bringt, soll sich bei den Zöllnern zum Messen melden, es messen lassen und Meßgeld zahlen [1]).

Zugleich aber waren in jener älteren Zeit die Salzmüdder besonders auch bei der Erhebung der erzbischöflichen Schiffszölle tätig, die von den Fahrzeugen erhoben wurden, indem man diese zwang, „Zeichen zu lösen". Die darauf bezüglichen verschiedenen Sätze sind außer in der Höhlbaumschen Fassung des Tarifs sowohl in der Statutenbestätigung für die Salzmüdder von 1453, als auch in den späteren aus dem 16., 17., ja sogar 18. Jahrhundert enthalten [2]). Diese Einverleibung des gesamten erzbischöflichen Rheinzolltarifs in die Ordnungen der Salzmüdder kann nur einen Sinn haben, wenn diese an der Erhebung der Zölle beteiligt waren und womöglich einen Nutzen davon hatten. Und tatsächlich haben sie ihn bis zu Anfang des 17. Jahrhunderts noch erhoben und erst um 1613 wurde er nach Deutz verlegt und dort als Wegegeld weiter gezahlt. Die Salzmüdder erhielten eine kleine Rente als Ersatz überwiesen [3]). Die Pachten, die davon eingingen, beliefen sich jedoch nur auf einige hundert Taler. Das rührte daher, daß der Zoll vermutlich schon seit dem späteren Mittelalter allmählich auf ein Zeichengeld von 1 Pfg. für das oberländische und von 2 Pfg. für das niederländische Schiff zurückgegangen war und daß die Salz-

---

wog diese Form noch im 17. und 18. Jahrhundert über die der Verpackung in Säcken oder Fässern. Selbst der Hering ging mindestens im 12. u. 13. Jahrhundert noch oft geschüttet: Kuske, Kölner Fischhandel, Westd. Zschr. Bd. 24 (1905) Heft 3 S. 23.

1) *sal eins summers gesinnen anme tollener . . . Item wilche man, die saltz of corn ot wat der massen vurs. tzobehoirde, uys eime schiffe int ander of uppet lant sluege ain maesse, der verbuert 5 marck.* Hans U.-B. III S. 300 § 41.

2) Kuske, Quellen II S. 59; bez. für die späteren Jahrhunderte: H 406 u. 407. Dgl. Stadtarchiv, Köln ca. Köln, Actus et processus VI.

3) Nach B. Hirschfeld, Deutz, (Quellen zur Rechts- und Wirtschaftsgeschichte der rheinischen Städte) Bonn 1911. S. 113*.

müdder zugleich nur einen geringen Torzoll an der Trank- und Salzgasse erhoben. Es scheint sogar, daß es sich bei der Verlegung überhaupt nur um diese Torzölle handelte und daß die Salzmüdder ihr Zeichengeld noch weiter erhoben; denn auch später ist noch von den *loszzeichen* die Rede, die sie an die Schiffer gaben [1]).

Daß der Erzbischof seinen Kölner Rheinzoll nicht weiter ausbaute, ist zu begreifen, da er dabei wohl auf den heftigen Widerstand der befreiten Stadt gestoßen wäre. Man darf jedoch nicht annehmen, daß er etwa nicht verstanden hätte, sich für die Ausfälle des Kölner Rheinzolles einen Ersatz zu verschaffen. Er fand ihn vielmehr reichlich in Bonn. Dorthin hatten die Erzbischöfe endgültig seit 1263 ihre Kölner Residenz verlegt, da sie sich in der immer unabhängiger werdenden Stadt nicht mehr sicher fühlten. Ebenso zogen sie später von da ihre wertvolle Münzstätte weg nach Deutz, Riehl und ebenfalls nach Bonn. Es wäre sogar unklug gewesen, eine so ertragsreiche Einrichtung wie den Zoll in Köln zu lassen oder wenigstens dort rentabel weiter auszugestalten, da sie ebenso wie die Münze in Zeiten der Feindschaft mit der Stadt von dieser weggenommen werden konnte. Daher ließ der Erzbischof den Kölner Zoll, wie er war, und bemühte sich seit der 2. Hälfte des 13. Jahrhunderts, den königlichen Rheinzoll zu Bonn in seine Gewalt zu bringen, also bald nach der Zeit, da die Übersiedelung dorthin bereits ins Auge gefaßt wurde, eine Absicht, die sich auch schon in dem Bau der neuen Stadtmauer zu Bonn durch Konrad von Hochstaden zeigte. Der Erwerb des Zolles gelang ihm auch nach und nach bis zu Ende der 90er Jahre vollständig [2]).

---

1) H 409.

2) Vgl. hierzu bes. R. Knipping, Regesten III, 1 nr. 197. 1131. 1424. IV, 2 nr. 3387. 3405 3604. Das in älterer Zeit (i. J. 1043) und noch bei der Befestigung Bonns um 1240 genannte *telonium civitatis Verone* (Lacomblet I S. 111 II S. 148) ist ein Stadtzoll, d. h. im Sinne der obigen Ausführungen (S. 30 Anm. 1.) eine Accise und kein Rheinzoll, ein Rheinzoll wäre auch nicht in dieser Weise bezeichnet worden.

Auf der anderen Seite aber fand eine lebhafte Opposition der Stadt Köln gegen den erzbischöflichen Zollrest und vor allem gegen das Salzmaß deshalb nicht statt, weil sie ein gewisses Interesse an der Erhaltung des Salzmaßes gerade in den erzbischöflichen Händen hatte; denn beide haben für die Stadt die große Bedeutung gehabt, daß sie mit ihrer Hilfe im 12. und 13. Jahrhundert ihren Stapel begründen konnte. Bereits der Erzbischof zwang auf Grund seines Zollrechtes in jener Zeit alle Schiffe und Güter in Köln ans Land. Und in späterer Zeit hatte das oben genannte Zeichengeld eigentlich überhaupt nur diesen Zweck. Die Schiffer mußten damit einen Schein (Zeichen) lösen, mit dem sie bei der Rückfahrt oder sogar der Weiterfahrt am Oberrhein am Bonner, am Niederrhein am Zonser Zoll des Erzbischofs bewiesen, daß sie dessen Salz- und Fruchtmaß in Köln nicht umgangen hatten, sondern sich hatten kontrollieren lassen, ob sie meßpflichtige Güter mit sich führten. Noch das 17. Jahrhundert sagte, die *„salzmüdder haben das zeichen, umb die schipper zur churfurstlichen maasz zu zwingen"* [1]). Die Stadt knüpfte an diesen Umstand an und sicherte sich mit dessen Beistand sowohl ein Vorkaufs- und Versorgungsrecht für ihre Bürger, als auch eine Bereicherung ihres Güterumschlages, ihres Handels und Verkehrs und damit auch ihrer Finanzen in der Form von Verkehrssteuern und zahlreichen Gebühren. Sie verfuhr hier genau so wie bei der Begründung anderer Einrichtungen, bei denen sie sich an erzbischöfliche Institutionen und Vorbilder hielt, indem sie diese entweder erwarb oder Konkurrenzanstalten dazu schuf, mit denen sie sich allmählich in den ausschließlichen Besitz der ihr entsprechenden öffentlichen Rechte an Stelle des Erzbischofs zu setzen verstand. Dem Erzbischof konnte das Vorgehen der Stadt zum Aufbau ihres Stapel nur angenehm sein; denn es gewährte ihm eine beträchtliche Unterstützung bei der Aufrechterhaltung und Durchführung der Verzollung und damit größere Einnahmen. Daher setzte er den Stapelbestrebungen der Stadt keinen Widerstand entgegen, und der Stapel hat sich so bereits in einer Zeit entwickeln kön-

1) Vgl. zu diesen Ausführungen bes. Actus et processus Bd. VI, hier namentlich Fol. 61.

nen, als die Stadt noch erzbischöflich war [1]. Daher gestand ihr der Erzbischof ausdrücklich im Jahre 1259 das Recht darauf zu [2].

Bei dieser Privilegierung handelt es sich nicht um eine plötzliche Neugründung des Stapels [3], sondern nur um die förmliche Anerkennung bestehender Zustände, für die sich ja auch schon in noch früherer Zeit gewisse Beweise erbringen lassen [4]. Diese Form war jetzt nötig geworden, da Stadt und Erzbischof im 13. Jahrhundert fortwährend im Streite über ihre öffentlichen Rechte lagen. Die Stadt drang vor, der Erzbischof stand in zäher Defensive, und bei einer derartigen Sachlage war es nötig und geraten, daß alle öffentlichen Rechte und zumal diejenigen der Stadt in bestimmte Formen gegossen und genau beschrieben wurden. Außerdem war die Bestätigung des Stapels gerade deshalb nötig, weil der Erzbischof im Begriffe war, sich aus der Stadt zurückzuziehen. (S. Seite 32.)

Der Stapel, der dem hier zu schildernden Arbeitssystem zu einem beträchtlichen Teile zu Grunde liegt, ist sonach gleichsam ein Kind des Zolles, und als dieser bedeutungslos geworden war, sein respektabler Rest, der eine der allerwichtigsten Grundlagen der Kölner Stadtwirtschaft bildete. Der andere Rest war das Salzmaß, und diese beiden stützten einander auch in den kommenden Jahrhunderten. Das Salzmaß gedieh und blieb, abgesehen von seiner ideellen Bedeutung für den Erzbischof, auch finanziell wertvoll, da ihm der Stapel, wie es früher das Zollrecht allein getan hatte, um so zuverlässiger alle ihm unterworfenen Güter zutrieb. Die Stadt Köln aber behielt

---

1) Keussen verzeichnet die Übereinstimmung des Erzbischofs mit der Stadt in Zollfragen. Topographie I S. 65*. Auch die Entscheidung des Erzbischofs Philipp von 1178 in dem Stapelstreit Kölns mit den Genter Kaufleuten (Hans. U.-B. I nr. 23), die zu Gunsten des Stapels ausfiel, findet so ihre Erklärung!

2) Lacomblet II S. 261 f.

3) Ausführlich auf die Entstehung des Stapels werde ich an geeigneterer Stelle eingehen.

4) W. Stein, Beiträge zur Geschichte der Hanse S. 36. O. Oppermann, in d. Westd. Zschr. 27 S. 223.

bei der Verteidigung ihres Stapelrechtes gegen dessen zahlreiche Gegner im Erzbischof von Köln stets eine wichtige und einflußreiche Stütze. Seit dem 15. Jahrhundert entwickelte sich mehr und mehr der große Streit um den Kölner Stapel, der bis auf den heutigen Tag in den Archiven West- und Süddeutschlands gewaltige Aktenbestände zurückgelassen hat. In dessen Verlaufe ist es auffällig, daß der Erzbischof von Köln, der doch wirklich nicht immer der beste Freund seiner wenig getreuen Stadt war, nie in erster Reihe unter den Angreifern stand und den Kölner Stapel nie so bekämpfte, wie das etwa der Düsseldorfer Herzog oder der Trierer Erzbischof taten [1]. Diese Haltung des Erzbischofs von Köln erklärt sich eben daraus, daß er am Bestande des Stapels mit seinen Einnahmen aus dem Salzmaß sehr interessiert war. Es wusch hier gewissermaßen eine Hand die andere. Der Kölner Rat ließ, um seine Gegner im Stapelstreit zu zersplittern, das erzbischöfliche Salzmaß und den Zoll unangetastet. Er schuf am Rheine keine sie völlig zerstörende Wettbewerbseinrichtung dazu, und wenn er gegen die Salzmüdder vorging, so geschah das meist nur dann, wenn diese ihre Rechte überschritten und auf andere Güter, wie etwa auf die seit dem 16. Jahrhundert immer mehr eindringenden Steinkohlen ausdehnen wollten [2]. Der Erzbischof aber drückte gegenüber den seit dem Ende des 15. Jahrhunderts immer umfassender auftretenden Stapelrechtsansprüchen [3] der Stadt manches Auge zu; er vermied es, deren Gegner so zu verstärken, daß sie ihnen hätte womöglich erliegen und auf ihr Recht verzichten müssen. Und der Stapel hielt sich so

---

1) Der Erzbischof von Mainz war deshalb zurückhaltender weil er in Mainz selbst einen Stapel besaß, und bis zur Aufhebung beider Stapel im Jahre 1831 haben sich Köln und Mainz fortwährend auf einander berufen und versucht, sich an einander aufrecht zu erhalten.

2) Es ist dabei interessant zu beobachten, wie der Ausgang von der Messung lose geschütteter Güter traditionell bei den Müddern blieb und wie ihre Ansprüche auch auf neue von dieser Art gingen.

3) Vgl. Kuske, Quellen zur Geschichte des Kölner Handels Bd. II an vielen Stellen.

wirklich besonders infolge der Uneinigkeit und der verschieden abgestimmten Angriffslust der Gegner, bis ihn das französische Reich in seine starken Arme nahm, und ferner so lange, daß er noch die neue Dampfschiffahrt auf dem Rheine teilweise bis auf den heutigen Tag in ihrer Organisation beeinflussen konnte [1]).

Wir haben demnach im Salzmaß ein für die kölnische Wirtschafts- und Verfassungsentwicklung sehr wichtiges Institut vor uns. Es wurde geleitet vom S a l z a m t, das ein erzbischöflicher Amtmann in der Stadt verwaltete und das besonders seit der strafferen Regelung der Rheinschiffahrt durch die rheinischen Kurfürsten im Jahre 1603 allmählich auch das Organ des Kölner Erzbischofs für die Handhabung seines Stromregals (soweit ich vorläufig erkennen kann: für die Hälfte von Köln abwärts bis nach Rees) wurde und namentlich die Schiffahrtsverhältnisse ordnete [2]).

Am Salzmaß interessieren uns in unserem Zusammenhange nur die dabei tätigen Arbeiter: die S a l z m ü d d e r (S a l z v a s a l l e n) [3]).

---

1) Die Dampfschiffe mußten ebenfalls noch die Stapelstrecken innehalten. Daher war i. J. 1825 eine Gesellschaft für den Niederrhein bis nach Köln, eine zweite für die Strecke Köln—Mainz und eine dritte für den Oberrhein zu gründen. Von diesen bestehen noch heute die Niederländische Gesellschaft in Rotterdam und die Preußischrheinische in Köln.

2) Besonders die Durchführung der Bestimmungen über die Lehrzeit und die Verhältnisse der Schiffer, soweit sie sich auf den Aufenthalt auf dem Wasser bezogen. Denn nur hierfür waren sie dem Regal der Kurfürsten unterworfen. Es handelt sich namentlich um die Qualifikation, die Organisation und Konzessionierung, ebenso um die Fahrzeuge und deren Betrieb. Vgl. über die ältere Organisation der Kölner Rheinschiffer, sowie über das Salzamt K u s k e. Die Rheinschiffahrt zwischen Köln und Düsseldorf vom 17.—19. Jahrhundert. Beiträge zur Geschichte des Niederrheins. Bd. XX (1906) S. 316 ff, 330 f. — Dgl. Die Bonner Schiffahrt im 18. Jahrh. Annalen des Hist. Vereins f. d. Gesch. d. Niederrheins, Bd. 81 (1905), S. 3 ff.

3) Ein Salzmaß bestand im Mittelalter auch in Neuß. L a u, Neuß S. 146*. Dgl. „Salzmüdder" in Trier: K u s k e, Quellen I S. 178 (1413). Dgl. in Frankfurt; K. B ü c h e r, Bevölkerung von Frankfurt a. M.

Diese hatten, wie gesagt, das ausschließliche Recht, das Salz zu messen, jedoch nur das zu Schiff und in fremdem Eigentum ankommende Gut; denn die Bürger waren mindestens seit dem Jahre 1248 frei von allen erzbischöflichen Abgaben [1]. Die Einschränkung auf das Schiffsalz entstand anscheinend erst im 14. Jahrhundert, und noch im 16. wurde sie gemildert auf alles niederländische, das zu Wasser und zu Lande [2] zugleich einging und dabei Zertifikate aufwies, wonach es auf Grund der Verträge Kölns mit Holland von der Baye an der Loiremündung oder aus Portugal stammte und vorschriftsmäßig in den Niederlanden raffiniert worden war [3]. In späteren Jahrhunderten aber beanspruchte die Stadt wieder alles zu Wagen kommende Salz und auch dasjenige, das zu Schiff vom Oberland herangebracht wurde für ihre eigenen Müdder.

Außerdem maßen die Salzmüdder Getreide und Früchte, die zu Schiff kamen und Kaufmannsgut waren, also nicht etwa Pacht- oder Zinsgut, und ebenfalls nur, was Fremden gehörte. Vermutlich ist dieses Recht jedoch schließlich auf das Gut beschränkt worden, das vor der Stadt umgeschlagen wurde. Die Stadt besetzte nämlich, wie noch zu zeigen sein wird, auch die Rheintore mit ihren eigenen Kornmüddern, sodaß das Getreide doppelt belastet wurde und daher mehr zu Lande einging. (Siehe hierzu unten: „Kornmüdder".)

Bis ins 17. Jahrhundert begnügten sich die Salzmüdder anscheinend mit diesen Gütern und auch die Erlasse der kurkölnischen Regierungen des 16. Jahrhunderts über das Salzmaß beziehen sich nur auf sie. Dann aber begannen die Müdder ihre Ansprüche, gleichsam eingedenk der Entstehung ihres Amtes, auch auf die lose kommenden Steinkohlen auszudehnen, als diese nunmehr in größerem Umfange in den gewerblichen Verbrauch eindrangen, und später sogar auf Holzkohlen, Schiefer und Kalk und endlich auf

---

1) Kuske, Quellen I S. 7 (1248), 64, 67, 74 (1380).

2) Das Salz, das auf Wagen ging, war natürlich in Tonnen oder Säcke verpackt. Diese wurden an den Rhein gefahren, dort in einen Kahn geschüttet und gemessen!

3) Kuske, a. a. O.

alle „meßbaren" Güter überhaupt. Ein ihren Wünschen entsprechender Erlaß des Erzbischofs Hermann aus dem Jahre 1627 scheint nur vorübergehend durchgedrungen zu sein. Wir sehen sie jedoch tatsächlich gegen Ende des 17. Jahrhunderts das Kohlenmaß wenigstens von Schiff zu Schiff handhaben, und die Verordnungen der Erzbischöfe jener Zeit befehlen das gleiche auch für den Kalk [1]. Der Streit mit der Stadt um diese Güter wurde jedoch auch fernerhin mit wechselndem Erfolge durchgefochten.

Anscheinend hingen diese Bestrebungen der Salzmüdder auf Erweiterung ihrer Befugnisse wenigstens auf dem Rheine von Schiff zu Schiff zusammen mit der stärkeren Betonung des Stromregals durch den Kölner Erzbischof seit Anfang des 17. Jahrhunderts, der immer strenger darauf hielt, daß die Stadt keinerlei Rechte mehr auf dem eigentlichen Wasser ausübte [2], wie wir überhaupt auch im Rheinland in dieser Zeit ein vielseitiges Vordringen der Staatsgewalt gegenüber der städtischen feststellen können. (S. unten Kap. III, 1.)

Der Erzbischof erhielt auch fortgesetzt seinen Anteil am Ertrage des Salzmaßes. Er bezog ein bestimmtes Hutgeld, das teilweise auch in Salz geleistet wurde und so zugleich die Versorgung seiner Hofhaltung mit dem unentbehrlichen Stoffe sichern sollte. Es wurde seit dem 16. Jahrhundert nicht mehr vom Schiff einmal, sondern von jedem Kaufmann bezahlt, der an der Salzladung beteiligt war, weil die Schiffe „höher" und größer geworden waren und nicht mehr, wie es früher vorwiegend gewesen, nur das Salz eines einzigen Kaufmanns enthielten. Er bekam dazu von Getreide und Früchten und später von den Kohlen das Müddegeld, denn diese Güter wurden nicht mit dem Hut, wie das Salz, sondern mit der Müdde, d. i. mit einem Sümmer gemessen [3]. Von Zeit zu Zeit werden auch andere Gebühren genannt, die vielleicht aus der geldlichen Ablösung von älteren

---

1) S. H 409, 214, 221. — St.-A. Köln: Deutz A Caps. II nr. 94.

2) Vgl. hierzu bes. meine oben S. 36 Anm. 2 genannten Aufsätze.

3) Ein Hut = etwas über $7^1/_4$ kurköln. Sümmer gegen $8^1/_2$ städtische. Der erzbischöfliche Sümmer war also etwas größer als der städtische. Ein städtisches Sümmer ($^1/_4$ Malter) = 35.82 Liter.

Dienstverpflichtungen, die den Müddern zukamen, zu erklären sind.

Gleichwohl waren seine Rechte diesen gegenüber seit dem 15. Jahrhundert eingeschränkt worden. Die Müdder eigneten sich allmählich die Berechtigung an, erledigte Ämter an Stelle des Erzbischofs selbst zu besetzen. Ihr Amt war auch schon im 14. Jahrhundert erblich geworden. Im Mittelalter hatten sie dem Erzbischof noch militärische Dienste zu leisten. Sie mußten für den Fall eines Feldzuges bis zur Dauer von 6 Wochen eine bewaffnete Schar von 24 oder 16 Mann in vollem Harnisch aufbieten, und diese hatten dabei die ehrenvolle Aufgabe, die Wachen vor dem Zelte ihres Herrn zu stellen [2]).

Davon hören wir seit dem Ende des Mittelalters nichts mehr. Vielleicht ist diese Verpflichtung auch den veränderten Heeresverhältnissen gewichen und in eine der obigen Geldleistungen umgewandelt worden. Der Erzbischof wahrte sich sonst aber doch stets gewisse Hoheitsrechte. Die Müdder verblieben dauernd unter der Leitung seines Statthalters (Amtmanns), der in Köln auf seinem Domhofe residierte, und wurden von diesem jährlich am St. Kunibertstage (12. November) neu vereidigt. Sie hatten auch alle persönlich dem Beamten an Stelle des Erzbischofs am Neujahrstage ihre Glückwünsche darzubringen [1]) und deponierten zu Pfingsten bei ihm ihre Maße, die er am Holzfahrts-

---

2) Vgl. Kuske, Quellen I S. 68 ff., 269 II S. 60.

1) Sie gaben sich bei der Vereidigung bei brennenden Kerzen auf einer Tafel unter einem Tuche verdeckte Wahrzeichen. Stein I S. 368 (1451). — Der Amtmann erhielt zur Vereidigung einen Hut (2 Ztr.) Salz und zu Neujahr 2 Viertel (etwa 11 Liter) Wein und 4 Kapaune. Ein neuer, zum erstenmale schwörender Müdder mußte ein Viertel Wein und einen Preßkäse extra geben! Noch im Jahre 1785 wurden diese Verpflichtungen durch den Erzbischof erneut bestätigt. H 406. — Außerdem wurden dem Amtmann und seinen Beamten, „den Herren des Erzbischofs", im 16. Jahrhundert ein Mahl gegeben, das noch bedeutend üppiger war, als das unten erwähnte Meisteressen. Die Herren saßen dabei an einem besonderen quadratischen Tisch, die Müdder an langer Tafel. Abends wurden diese dafür mit ihren Frauen von jenen eingeladen und bewirtet. (H 408, 1527.)

tage neu aichen ließ [1]. Der Erzbischoff griff auch noch im 18. Jahrhundert in die Kassenverwaltung der Salzmüddergenossenschaft ein und behielt sich die Genehmigung zur Aufnahme von Anleihen vor.

Die Zahl der Salzmüdder betrug ständig 12 und war geschlossen. Es wurde bereits bemerkt, daß das Amt erblich war, sodaß sich Salzmüdderfamilien entwickeln konnten. Es durfte auch nicht verkauft oder verpfändet werden; in späterer Zeit nahmen aber die einzelnen Müdder doch darauf Anleihen auf und belasteten es [2]. Ihre Genossenschaft war ganz ähnlich wie die Kölner gewerblichen Zünfte organisiert. Sie erhoben ein Eintrittsgeld von den neugewählten Mitgliedern, die nicht durch Erbe an das Amt gekommen waren. Diese mußten sich als sog. „unverdiente Brüder" einer dreijährigen „Lehrzeit" unterwerfen, die augenscheinlich bei der Einfachheit der Arbeit nur bewirken sollte, daß der jüngere Bruder zu gunsten der älteren längere Zeit vom Vollgenuß des Lohnes fern gehalten wurde. Im ersten Jahre stand er eigentlich nur bei den übrigen und half ihnen mit nebensächlichen Handgriffen, im zweiten und dritten durfte er mit schöpfen, die Säcke aufhalten und einschütten! Am Ende des dritten Jahres wurde unter dem Vorsitz des erzbischöflichen Statthalters die Aufnahme in den Kreis der Verdienten durch diese mit Stimmenmehrheit vollzogen [3]. Die Lehrzeit der das Amt Erbenden beschränkte sich auf 2—2½ Jahre. Auch hier hatten sich wie bei den Zünften seit dem 16. Jahrhundert Bräuche eingeschlichen, die auf eine möglichste Ausbeutung der jüngeren Brüder beim Übergang von einem Lehrjahre ins andere hinausliefen, die dann den älteren jedesmal eine „Suppe" und später einen sich immer mehr steigernden „Dienst" tun und hohe Gebühren zahlen mußten [4]. Als Kur-

1) Donnerstag nach Pfingsten. Über diesen Tag s. Keussen, Topographie I, S. 20* f.

2) Z. B. im Jahre 1692 einer mit 400 Talern.

3) Kuske, Quellen II S. 75 (1454).

4) Wie schwülstig und ausgeartet diese Sitten waren, geht aus folgendem hervor: Im 16. Jahrhundert hatte der „Jungbruder" beim Verdientwerden z. B. ein großes Mahl als Dienst zu geben, das aus

fürst Joseph Klemens im Jahre 1722 die meisten dieser Gelage abschaffte und in Geldzahlungen umwandelte, blieben dem Jungbruder im ganzen immer noch 160—170 Taler an seine „Brüder“, die Bruderschaftskasse, den Statthalter und an Schiffer zu zahlen übrig. Die beiden jüngsten Müdder hatten der Genossenschaft zugleich als Boten zu dienen. Am Tage der Vereidigung vor dem Statthalter fand die Wahl der beiden Brudermeister statt, die bei Strafe anzunehmen hatten. Ihnen waren die übrigen Gehorsam schuldig, sie leiteten die Arbeit und die Versammlungen, wachten über die Moral der andern und hatten Strafbefugnisse gegen sie [1]. Die Genossenschaft hatte eine Kasse, in die später die Bußen gingen und dazu auch ganz bestimmte

---

5 Gängen bestand: 1. ein guter Schinken, ein Stück gesalzenes Fleisch mit Senf, ein Stück Rauchfleisch, ein Hammelspistel. — 2. Zwei Schüsseln „gutes, grünes“ Rindfleisch, eine Schüssel mit einem Kapaun, einer Henne und drei jungen Hühnern, in bestimmtem Gewürz gesotten. — 3. Zwei Schüsseln Ragout (schwarzer Pfeffer) von Wildbret. — 4. Einen Braten in 2 Schüsseln, in jeder davon ein halbes Lamm, ein Kapaun, eine Ente, vier junge Hühner, mit einer Beilage von Oliven. — 5. Butter, Käse, Walnüsse, Äpfel, Birnen „und was die Jahreszeit sonst bietet“. Zu allen Gängen gehörte „guter“ Wein. Jeder Verdiente erhielt außerdem noch einen Goldgulden (Metallgehalt von heutigen 4.50 Reichsmark), der überdies auch bei den Diensten der vorhergehenden Jahre zu zahlen war. Der Statthalter bekam 2 Kapaune. Das wurde alles im Jahre 1549 durch Erzbischof Adolf bestätigt: H 406. In späterer Zeit steigerten sich diese Verpflichtungen noch. Die Einzelheiten über den Stand der Dienste im Jahre 1722 s. ebd. — Im Mittelalter beobachteten die Müdder die Sitte, daß sich jeder in ein Salzschiff kommende Mann entblößen und mit Salz einreiben lassen mußte! Der Kölner Rat verbot das im Jahre 1446, als einer der Betroffenen dabei schwer verletzt worden war, energisch. Stein II.

1) Wer in der Versammlung, ohne das Wort zu erbitten, sprach, wurde in Geldstrafe genommen; desgleichen wer Gottes Namen oder „*seine wonde, seel, kopf, herz und bloet*“ oder den Namen der Mutter Gottes und der Heiligen mißbrauchte. Spiele waren nur bis zu einem Gewinn von einem oder zu einem Verlust von 2 Trink„gelagen“ erlaubt! H. 408. — Die Bußen gingen im Mittelalter in eine beim Statt-

Meßgelder. Daraus wurden gemeinsame Unkosten gedeckt und Unterstützungen gezahlt. (S. Kap. IV.) Wie die anderen Kölner Genossenschaften pflegte auch diese gemeinsame Geselligkeit, Kirchgang, die Unterhaltung eines Altars und die gemeinsame Teilnahme am Begräbnis eines Bruders.

Die Meßarbeit verrichteten die Salzmüdder in verschiedenen Abteilungen, bei denen ebenfalls wieder das Bestreben der älteren hervortrat, die jüngeren zurückzusetzen. Im Mittelalter bestand eine kleine Gruppe, die das Vorrecht hatte, allein das Salz zu messen, das nach Orten oberhalb von Boppard bez. Trier, am Rhein und an der Mosel ging. Das Salz für Speier maß allein der älteste Brudermeister und um 1380 außerdem ein bestimmter Müdder aus der Müdderfamilie der Yskalts, mit dem für Mainz war es ähnlich. Neben diesem sog. „oberländischen Werke" wurde auch ein „niederländisches" von einer besonderen Gruppe verwaltet, ebenso das Getreide und die Früchte, einiges war wieder gemeinsam, abgesehen von der unterschiedlichen Behandlung der Jungbrüder. Im 18. Jahrhundert beschränkten sich die 6 älteren je zu zweien auf das Brudermeisteramt, die Buchführung und das Getreidemaß, während die 6 jüngeren das Salz versorgten.

Es wurde bereits erwähnt, daß nur das Salz von nicht kölnischen Kaufleuten dem Maße unterworfen war. Kam es in Säcken oder Tonnen, so konnte es, ohne daß es tatsächlich gemessen wurde, passieren, jedoch nur gegen Zahlung der vollen Gebühren; erst in späteren Jahrhunderten milderte man den Satz bis auf die Hälfte [1]). Seine Blütezeit erreichte das Salzmaß im 16. Jahrhundert gleichzeitig mit der des Kölner Handels, und die Müdder waren damals genötigt, sich durch 6 Knechte zu ergänzen, denen gegenüber sie jedoch als Unternehmer auftraten, indem sie ihnen nur Lohn zahlten, ohne sie an der Genossenschaft teilnehmen zu lassen.

---

halter stehende Büchse, deren Inhalt an diesen, an die ewige Lampe der Bruderschaft und an die Brudermeister verteilt wurden. Kuske, Quellen II S. 76 f.

1) H 406.

Diese „Salzschütter", die bei der Anstellung durch die Amtsmeister der Müdder auch dem erzbischöflichen Statthalter vorgeführt werden mußten, waren jedoch auch im 18. Jahrhundert noch vorhanden [1].

Die Salzmüdder waren, obwohl sie ihr Amt vom Erzbischof ableiteten, Kölner Bürger und damit auch der Stadt vereidigt. Sie gehörten der Fischmengergaffel an und konnten Ratsherren werden. In dem Jahre, da das bei einem der Genossen der Fall war, wurde er jedoch von dem Eide vor dem Statthalter befreit, da er sonst in schwierige innere und äußere Konflikte kommen konnte [2]) Ihre Amtsmeister arbeiteten auch der Stadt zur Erhebung der Salzaccise in die Hand und gaben den Schiffern, falls sie ihre Ladung in die Stadt bringen wollten, nach der Messung das Einfuhrzeichen, das der Stadt schon einen Anhalt für die Besteuerung gewährte. Insofern konnte der Stadt das Bestehen des Salzamtes nur ebenfalls recht sein. Sie bezog seit dem 16. Jahrhundert auch einen Anteil an dem Ertrag des Maßes von dem Salz, das in ihre Mauern eingeführt wurde. Es kam so überhaupt zu einem gemeinsamen Vorgehen zwischen dem Rat und den Müddern.

Die Stadt richtete jedoch auch zu diesem erzbischöflichen Institut ein eigenes ein, wodurch dessen weitere Ausdehnung mindestens zunächst verhindert wurde. Später gelang es ihr damit, jenes in mancher Beziehung einzuengen. Sie organisierte in ihrer „Salzstube" auf der Salzgasse eine Gegenbehörde zum erzbischöflichen Salzamte, wo die beiden Ratsmitglieder residierten, die als Salzherren die Acciseerhebung und die Gepflogenheiten des Salzhandels überwachten. Hier wurden seit dem 15. Jahrhundert von den Schiffern die Salzeide über die Herkunft und die Beschaffenheit des Salzes beschworen, die von einem der Bürgermeister abgenommen wurden. Auch in diesem Handelszweig halfen vereidete Makler die Accise sichern, und zwei Salzschreiber führten darüber Buch. Von hier aus wurden auch die städtischen Salzmagazine (das „Notsalz") in den Tortürmen organisiert und verwaltet [3]).

1) H 406.

2) Stein, I S. 368.

3) Kuske, Quellen II S. 501 ff. (1485).

Schon im 14. Jahrhundert hatte der Rat dazu eigene städtische Salzmüdder (Salzmesser) angestellt, die zugleich die Salzträger (Salzarbeiter) waren [1]. Sie konnte das teils mit ihren Magazinen begründen, teils beschlagnahmte sie für ihre Müdder alles Salz, das zu Lande einging. Später aber arbeiteten diese auch am Rheine mit und zwar anscheinend bei allen in Köln zu tätigenden Kaufabschlüssen, während sich die erzbischöflichen Müdder allmählich auf das Salz beschränkten, das auf den Schiffen umgeschlagen und in die Stadt nur eingeführt wurde, ohne im großen wieder verkauft zu werden. Die Stadt begründete dabei das Vordringen ihrer Müdder z. B. im 17. Jahrhundert mit der Nachlässigkeit der erzbischöflichen [2]. Daher entsprach sie besonders auch den Bedürfnissen und Beschwerden der Schiffer und Kaufleute, wenn sie ihre Zahl von 2 im Mittelalter allmählich auf 16 im 18. Jahrhundert steigerte. Diese Arbeiterschaft gliederte sich nun in die 6 eigentlichen Müdder und Träger und in deren Hilfsarbeiter, nämlich die 6 „Aufhalter" und die 4 „Schütter", die also die Säcke füllten, während jene sie hielten und das Maß bestimmten [3]. Das städtische Meßwerkzeug war nicht der Hut, sondern ein Sümmer, der den schwer erklärlichen Namen *„vaenscher"* oder *„vrentzscher"*, im 14. Jahrhundert *„venlese"* Sümmer führte [4]. Nachdem sie das Salz gemessen hatten, trugen sie

---

1) Lau, Gesch. der kommunalen Verfassung, S. 295, Anm. 1. Vgl. Knipping, Stadtrechnungen I. Stein, II S. 123 f. — Städtische Salzmüdder auch in Neuß: Lau, Neuß S. 276 (16. Jahrhundert).

2) Diese galten als „Trinker und Fresser". Sie verließen die Arbeit, wenn ihnen nicht *„ein gutes tractament"* von gebratenem Fleisch und Fisch von den Schiffern gereicht wurde. Morgens begannen sie die Arbeit überhaupt nicht, wenn ihnen nicht zuvor *„was gutts . . . . als schincken, botter, keesz"* vom Schiffe aus in ihre Stammkneipe geschickt wurde. H 409.

3) Stein II, 466 f. — H 405.

4) Stein II, S. 100 (1400). Knipping, Stadtrechnungen I, erklärt es von Venlo. Es müßte demnach ähnlich wie die Kölner Heringstonne auch das Salzmaß aus Holland stammen. Die Fassung „vrentzscher", bei der wohl „fränkischer" vorschwebte, wird erst später gebraucht. Über die Größe des v. S. s. oben S. 38 Anm. 3.

es in die Stadt, oder wenn es in der Stadt bei der Salzstube verkauft worden war, von da in die Häuser. Sie hatten dafür ein Monopol und zogen dabei für die Stadt die Accise und für die Verkäufer den Kaufpreis ein, den sie ihnen binnen 14 Tagen abliefern mußten. Sie dienten diesen auch als Kommissionäre, indem sie für sie verkauften. Das geschah auch in der Weise, daß sie dem Kaufmann den Preis bereits selbst zahlten und dann das Salz in der Stadt auf eigene Faust absetzten, wobei sie jedoch nicht über ihren Einkaufspreis gehen und an Zwischenhändler erst verkaufen durften, nachdem sich kein Bürger mehr für seinen Hausbedarf meldete [1]). Zu dieser Vertrauensarbeit hatten sie solidarisch zu haften und jeder von ihnen mußte [2]) bei der Anstellung einen Bürgen beibringen. Die Genossenschaft, die anscheinend überhaupt gewisse Bräuche der erzbischöflichen Müdder übernommen und z. B. auch einen „Amtsmeister" hatte, konnte dann gegen das Mitglied, das einen Schaden verschuldet hatte, oder gegen seinen Bürgen Regreß anstrengen. Auch diese Müdder wurden jährlich neu vereidigt und zwar am Johannistage nach der Bürgermeisterwahl vor den Bürgermeistern. Sie wurden zugleich mit als Aufsichtsleute verwendet. Sie überwachten die Beobachtung des Stapels; sie durften den Schiffer oder Kaufmann erst bedienen, nachdem er seinen Eid geschworen hatte; sie sorgten, daß kein Kauf ohne Unterkäufer (Makler) abgeschlossen wurde, und spürten dem Vorkauf, dem verbotenen Zwischenhandel, mit Salz nach, das bereits in Köln angekommen war. Vor allem benutzte sie der Rat aber auch zur Kontrolle der erzbischöflichen Müdder, ob diese nichts gegen die Interessen der Stadt taten [3]).

Die städtischen Salzmüdder hatten jedoch nichts mit der Messung des Getreides und der Früchte zu tun. Hierfür hatte die Stadt vielmehr zwei andere Gegenorganisationen zu den erzbischöflichen Müddern geschaffen, die Kornmüdder und die Nußträger, auf die unten näher einzugehen ist.

1) Kuske, Quellen II nr. 1583 (um 1500).
2) Urkunde v. 1521 Febr. 1. Actus et processus VI, 84.
3) Stein II S. 568 (1479).

Die Ventgutarbeiter.

Neben dem Salz beschlagnahmten vor allen Dingen die Ventgüter [1]) die Uferstrecke zwischen Salz- und Mühlengasse, unter denen die Fische den Hauptanteil hatten, weshalb diese Gegend später auch das „Fischwerft" hieß. Soweit diese Güter nicht in die Kaufhäuser der inneren Stadt oder auf die Lager bei den Kranen bestimmt waren, gingen sie meist über den Mühlen- oder Salzgassenkran durch die Mühlengassen- oder die etwas oberhalb gelegene Fischpforte in das nahe Fischkaufhaus. An ihre Versteuerung, ihre Beförderung und ihren Verkauf knüpften sich ebenfalls zahlreiche Handgriffe an.

Das Monopol für das Löschen und den Transport der Ventgüter hatten, sicher wohl mindestens seit der Einführung des Tonnenpfennigs (s. oben S. 4), die sog. Vierzehner [2]) (14er, Rheinarbeiter). Diese entluden das Schiff [3]), nachdem sie dazu vom Hausmeister des Fischkaufhauses, der zuvor die Accisedeklarationen des Schiffes annahm, Befehl erhalten hatten, und trugen die Güter entweder ins Fischkaufhaus, in den Gürzenich, oder wenn sie schon Kölner Bürgern gehörten und von ihnen zum Verbrauch oder Kleinverkauf bestimmt waren, in deren Häuser. Sie übernahmen dazu auch die Stücke, die von den Kranen ans Land gelegt worden waren. Ihr Monopol war nur bei Öl und Teer beschränkt. Tran, Teer und Pech setzten sie nur aufs Land, während für den Öltransport Tragrechte bestanden, die in ihrer Kompliziertheit und Verklausulierung typisch für das 17. und 18. Jahrhundert sind [4]). Die 14er

---

1) Also Seefische, Tran, Teer, Pech, Öl, Speck, Schinken, Talg, Seife, Honig, Wachs, Butter, Käse, Häute — heute 2. Teil: „Provisionen", im Mittelalter schon z. T. „*provande*".

2) Weil es 14 Mann waren.

3) Über ähnliche Träger, die sich an die Schiffahrt anschlossen, vgl. W. Stieda, Pramführer und Träger in Lübeck. Zeitschr. d. Vereins für Lübeckische Geschichte. Bd. XII H. 1. S. 49—68.

4) Um hiervon eine Probe zu geben: Das Öl, das Bürgern gehörte, wurde von den 14ern zum Ölröder am Rhein (s. o. S. 24 f.) und von da in die Häuser gebracht, das übrige transportierten sie in den Gürzenich

wählten aus ihrem Kreise wöchentlich neu zwei „Rentmeister" und einen Schreiber, denen die Einziehung der Accise und der Löhne oblag. Jene beiden leiteten auch die Woche über die Arbeit.

Die Arbeit der 14er ging wenigstens im Fischkaufhaus über in die der Sechzehner (16er, Arbeiter oder Träger am Fischmarkt, Heringspacker, Karbender im Fischkaufhaus), die, wie ihr Name sagte, eine Kolonne von 16 Mann bildeten [1]. Bereits im Mittelalter waren sie eine Art Genossenschaft, zunächst noch von unbestimmter Zahl, die z. B. bereits nach zünftlerischer Weise versuchte, von den neu eintretenden Mitgliedern hohe Eintrittsgelder zu erpressen. Der Rat schraubte diese Forderungen schon im Jahre 1487 auf ein kleines „freiwilliges" Trinkgelage im Werte von 1—2 Goldgulden zurück. Auch in späterer Zeit zwang er sie mehrfach, Eintrittsgelder, die z. B. um 1640 50 Taler betrugen, zurückzuzahlen und unterdrückte er die Unsitte, üppige Einstandsessen zu verlangen [2].

---

ans Ölmaß nur, falls es am Rhein nicht verkauft wurde. Wurde es verkauft und zwar durch Fremde, so gehörte es den Teerschürgern zu, die dann den Transport in die Häuser oder ins Maß hatten. Diese Schürger beförderten auch das nur umzuschlagende „Speditionsöl" ins Maß, während es den 14ern vom Schiff bis wieder ins Schiff gehörte, falls es nur am Rhein gerödert wurde. Aber auch hier bestand wieder eine Ausnahme insofern, als die 14er kein Speditionsöl in die Marktschiffe nach den Nachbarorten Mülheim, Zündorf und Bonn verladen durften, da das den Teerschürgern zukam. Diese durften auch allein das Öl aus dem Oberlande ins Maß bringen und das Öl tragen, das vom Werft aus auf auswärtige Wagen bestimmt war. Sie hatten auch das Monopol für den Transport des Öles vom Maß in die Häuser. Aber außerdem beteiligten sich auch noch besondere Ölschürger an der Beförderung eines bestimmten Öles. S. hierzu unten: Kap. II, 3. H 515, 558.

1) Über sie vgl. bereits meinen Aufsatz über den Kölner Fischhandel, Westdeutsche Zeitschrift für Geschichte etc., Bd. 24 H. 3 (1905). —

2) Kuske, Quellen II S. 529; ferner z. B. Ratsprotokolle 90, 41, 55, 59, 63.

Die 16er nahmen den 14ern am Eingange des Fischkaufhauses das Gut ab und entluden dort auch die Wagen, die es durch die Stadt zu Lande brachten. Ihre allgemein-wirtschaftlich wichtigste Funktion war dann die Tätigkeit im Fischkaufhaus im Dienste der städtischen Stapelpolitik. Unter Leitung der Fischunterkäufer packten sie hier die Fischladungen, über die Geschäfte abgeschlossen worden waren oder die umgeschlagen werden sollten, um. Beim Hering öffnete zuvor ein besonderer, seit etwa 1435 nachweisbarer Heringsröder die Tonne. Er maß sie und untersuchte ihre Beschaffenheit, ebenso wie die der Fischkörbe [1]. Das war nötig, da die Niederländer fortgesetzt die Neigung hatten, die Packungen zu verkleinern. (Im 18. Jahrhundert kamen z. B. Tonnen vor, die statt der erforderlichen 1000 nur 6—700 Heringe fassen konnten!) Die 16er brannten dann auf die Innenseite des Bodens der Tonne ihre Marken, damit man den Packer ermitteln und verantwortlich machen konnte. Sie schichteten darauf den Fisch sorgfältig wieder in die Fässer und sonderten dabei verdorbene, leere oder beschädigte Tiere oder auch die Hadern und anderen Unrat, den die Fischer hineinzuschmuggeln beliebten, aus und warfen das alles in den Rhein. Sie bereiteten neuen Pökel und gossen ihn auf den Hering, worauf der Heringsröder die Tonne schloß und mit einem Brandzeichen versah, das die Fangzeit und damit die Qualität und das Alter der Ladung angab [2].

Ebenso wurde mit den Bückingen und anderem verpackten Fisch verfahren. Die Stockfische, die offen verschnürt kamen, wurden ebenso wie die Schollen nach fest bestimmten Größen sortiert, deren eiserne Muster an den Wänden der Kaufhausspeicher hingen. Nachdem das Geschäft abgeschlossen und der Kaufmann sich mit dem Accisever-

---

1) Über die Anforderungen an die Verpackung, die seit den letzten Jahrzehnten des 15. Jahrhunderts durch besondere Verträge zwischen Köln und Holland festgelegt worden waren, s. Kuske, Fischhandel.

2) Ohne diese Kölner Zeichen wurde kein Fisch im Oberland angenommen.

walter im Kaufhaus verständigt hatte, durften die 16er das Gut in die Häuser tragen. Sie hatten auch für diesen Dienst ein Monopol, trugen jedoch nun auch die Verantwortung für den Schaden, der dabei dem Gute widerfuhr. Sie buchten die Zahl der Stücke und der Kaufleute und gaben abends ihr Verzeichnis dem Accisemeister zum Vergleich mit seinen Aufzeichnungen. Sie brachten den Fischkommissionären, die für die Niederländer den Fisch verkauft hatten, die Empfangsbescheinigungen der Käufer und zogen bei diesen den Kaufpreis, die Maklergebühren und ihre eigenen Arbeitslöhne ein. Im Jahre 1751 schaffte der Rat eine 16er-Stelle ab und setzte statt dessen einen besonderen Buchhalter für die bei der Tätigkeit im Kaufhaus und der Einziehung der Gelder nötige Schreibarbeit ein. Dieser nahm jedoch weiter an den Löhnen der 16er teil, obwohl er zugleich ein besonderes Gehalt (80 Reichstaler) erhielt [1].

Die 16er hatten aber auch das alleinige Recht, die Kaufhausgüter, die weiter gingen, auf die Wagen zu laden, ein Dienst, der wie auch das Entladen im Mittelalter noch besonderen Karbendern (Karrenbindern) oblag, die sich im 16. Jahrhundert mit den übrigen Arbeitern des Fischkaufhauses gemeinsam zu den „16ern" ergänzt hatten [2]. Diese beförderten ebenso die gepackten Güter zum Rhein an die Krane. Sie hatten dazu den Dienst im benachbarten Schlachthaus und standen der Kaufhausleitung als Polizeiorgane zur Verfügung. In Konsequenz ihrer Tätigkeit bei der Durchsicht der Güter schlossen sie so den betrügerischen Kaufmann, dessen sie habhaft werden konnten, ins Halseisen am Tore des Kaufhauses. Dieses öffnete sich nach dem Fischmarkte zu für die frischen Fische, und auch hier scheinen sie, wie ihr Name sagt, Transport-, Überwachungs- und Schergendienste verrichtet zu haben.

Besonders im Herbste, wenn der Fisch in größeren Mengen als sonst ankam, waren sie genötigt, Hilfskräfte heranzuziehen. Sie traten dann an 14er und Kranenarbeiter Transportdienste ab und stellten besondere Knechte für

---

1) Ratsprotokolle 203, 88.

2) K u s k e, Quellen II S. 340. S t e i n II, S. 621.

das eigentliche Fischkaufhaus an, denen sie Lohn zahlten. Diese „Spaetknechte", deren Zahl sich auf 6 belief, wurden seit dem 16. Jahrhundert meist eine ständige Einrichtung [1]. Sie traten in den Kreis der 16er oder auch der 14er ein, wenn hier Stellen frei geworden waren. Dazu aber schob sich zwischen die 16er und die Spätknechte seit der gleichen Zeit noch eine dritte Art von Arbeitern. Das waren die mit einem sog. halben Dienst, der aus dem Bestreben entstand, Arbeitsunfähige zu unterhalten [2].

Besondere Arbeiter gruppierten sich noch um die Ventgüter Öl, Tran, Teer und Pech. Auf die verwickelten Rechte der „Teerschürger" beim Öltransport gegenüber den 14ern wurde schon oben hingewiesen. Im Jahre 1791 wurden sie beseitigt, da das Ölmaß an den Rhein verlegt wurde und nun die 14er diese Arbeit allein besorgten, die wohl früher von der Stadt auf jene Sondergruppe übertragen worden war, weil die 14er infolge des Weges, den sie mit dem Öl zum Gürzenich machen mußten, abgehalten wurden, ihre Arbeit am Rhein rasch genug zu erledigen. Der Teer wurde besonders von den Schiffern und Schiffsbauern gebraucht, und der Tran von Gerbern, Riemschneidern und Seifensiedern, und da namentlich Schiffahrt und Lederindustrie in Köln seit dem Mittelalter hochentwickelt waren, so kamen von beiden Gütern nicht unbeträchtliche Mengen in die Stadt, abgesehen von denen, die nach dem Oberland hindurchgingen. Der Teer stammte von der Ostsee und von der Ruhr (aber auch von hier nur Holzteer); der Tran bis Ende des 18. Jahrhunderts noch meistens aus Bergen in Norwegen. Die Teerschürger übernahmen den Teer von den 14ern auf dem Werft beim Fischkaufhaus. Sie bohrten die Tonnen an oder öffneten sie, ließen das Schwelwasser ablaufen und füllten sie aus einer von der betreffenden Ladung wieder auf. Der oben bereits erwähnte Ölröder maß den Tran mit der Visierrute. Da das den Kaufleuten nicht genügte, beantragten sie im Jahre 1721 die Errichtung eines besonderen

1) H 514.

2) Ausführliches s. unten Kap. IV 3.

Tranmaßes, die im Jahre darauf auch beim Fischkaufhaus erfolgte [1]). Es wurde ein Tranmesser ernannt, der nun die Tonnen umfüllte, maß und dabei den empfindlichen Inhalt untersuchte, ob er trüb geworden und unerlaubter Weise mit Walfett oder überhaupt mit Unrat versetzt war. Für Tran, der in Köln verkauft oder eingeführt wurde, war das Maß nun obligatorisch, Speditionstran wurde ihm nur auf Verlangen der Kölner Vertreter (Faktoren) der oberländischen Kaufleute unterworfen. Es brachte jedoch seinem Verwalter nicht allzuviel ein; denn im Jahre 1760 zog es der — übrigens 80jährige — Tranmesser vor, sich lieber um eine 14er-Stelle zu bewerben! [2]).

Teer und Pech wurden von den 3 [3]) Teerschürgern transportiert und zwar bei jeder Gelegenheit, Tran dagegen nur ab Maß, wenn er spediert oder von Fremden in die Stadt geschickt oder zu Lande gebracht wurde, während die 14er die Tonnen einführten, die schon als Eigentum eines Bürgers galten! [4]) Die Bürger durften aber auch beide Güter selbst transportieren; die Teerschürger hatten jedoch dann die Karren zu laden und erhoben davon und von der Untersuchung des Gutes immerhin ihre Gebühren.

Die Zähler am unteren Rheinwerft.

Am Rheinufer arbeiteten außer den bisher beschriebenen Personen noch einige Gruppen für Eisen und Tonwaren. Das Eisen kam zum größten Teile aus dem Bergischen und dem Siegerlande sowie aus der Grafschaft Mark. Es wurde schon im Mittelalter auch in der nächsten Nachbarschaft der Stadt in Deutz und Mülheim zu Stahl verarbeitet [5]). Die Einfuhr vollzog sich daher meist über die Deutzer Fähre, die beim Salzgassentor landete. Infolgedessen befanden sich hier mindestens im 18. Jahrhundert 3 Eisenzähler, seit 1770 infolge der Zunahme des

1) H 389.
2) H 390.
3) Seit 1791 vier.
4) H 515.
5) Stein II S. 610 (1486).

Eisenverbrauchs 4. Sie warteten auf das Eisen, um seine Mengen und Sorten festzustellen und darüber Buch zu führen. Es handelte sich hier wohl zum Teil um eine Vorkontrolle für die endgültige Besteuerung im Gürzenich. Zum Teil kam auch das gröbere Stabeisen, bei dem das einzelne Stück wirklich gezählt werden konnte, am Rhein zum Verkauf [1]). Im Jahre 1786 wurde in der Nähe an der Salzgasse übrigens ein neues Lagerhaus für Eisen eingerichtet [2]).

Zu Anfang des 18. Jahrhunderts wurde auch ein besonderes Kannenzähleramt gegründet, dem die Aufgabe zufiel, Ton-, Glas-, Fayence- und Porzellanwaren zu zählen. Die Tonwaren kamen aus der linksrheinischen Kölner Nachbarschaft, besonders aus dem berühmten Töpferdorf Frechen, das heute noch eine sehr bedeutende Tongroßindustrie aufweist, ferner aus der Gegend von Bonn und Siegburg, sowie aus dem Westerwald und der Koblenzer Gegend. Unter ihnen spielten seit dem 17. Jahrhundert Tabakspfeifen eine Hauptrolle, die als „kölnische Pfeifen" in großen Mengen namentlich nach Holland gingen, aber auch von dort heraufkamen, und neben diesen Branntweintonkrüge, sowie Krüge mit Mineralwasser. Diese wurden im 18. Jahrhundert besonders von Niederselters aus durch die kurtrierische Verwaltung den Rhein hinab verschickt und kamen auch in geringem Umfange z. B. von Tönnisstein. Außerdem wurden Fayencen aus Delft, Porzellan aus Süddeutschland und wohl auch aus Holland, und Glaswaren aus Frankreich, Lothringen und von der Saar, der Ruhr und aus der Stolberger Gegend gebracht.

Einer von den fünf Kannenzählern mußte mindestens an der Neu- oder Mühlengassenpforte auf derartige Güter warten, die dann durch sie ab- oder umgeladen wurden, gleichviel, ob sie zu Wagen oder zu Schiff kamen, Sie stellten die Mengen für die Besteuerung fest [3]), zugleich aber auch für die Kaufmannschaft, was dieser bei der Zer-

1) Ratsedikte 16, 212.

2) Kuske, Wirtschaftliches Leben im Kaufhaus Gürzenich.

3) Ein „Wurf" leerer Krüge = 5 Stück, voller = 3 Stück. Franz. Abt. 58 C 1b.

brechlichkeit der Ware sehr willkommen war. Das kölnische Kannenzähleramt war das einzige in seiner Art am Rhein, und die Zeitgenossen führten die Blüte des Kölner Mineralwasserhandels, der um 1790 fast $^1/_2$ Million Krüge umschlug, besonders mit auf seine unparteiischen Feststellungen zurück [1].

Die Kannenzähler hafteten für den Bruch, den sie selbst verursachten, und es ist wohl nicht zufällig, daß der Kölner Rat gerade ihnen ganz besonders nachdrücklich verbot, sich „voll zu saufen"! Auch sie stellten in Zeiten großen Andranges besondere „Miedlinge" ein, denen sie Lohn zahlten [2].

Sie hatten das Monopol, ihre Waren und besonders wenn sie in Kisten [3] kamen, in die Stadt zu tragen. Für das Mineralwasser gab es jedoch dazu die Kannenträgerinnen [4], die Ehefrauen von Kölner Bürgern sein mußten. Sie hatten jedoch nur ein ausschließliches Recht den Fremden gegenüber. Die Bürger durften die Kannen, die sie dann in der Stadt einzeln absetzten, durch ihr Gesinde einholen lassen [5].

Die Kohlenarbeiter.

In die Arbeitergruppen des Rheinwerftes griffen seit dem 16. Jahrhundert mehr und mehr die des Kohlenmarktes ein, der im Mittelalter seinen Schwerpunkt auf den obengenannten innerstädtischen Plätzen hatte, dann aber besonders, als die Steinkohle zu größerer Verwendung kam, auch auf dem Werft stattfand.

---

1) Franz. Abt. a. a. O. (1799).

2) S. über sie überhaupt H 556, 557.

3) Bei festen endgültigen Verpackungen war das Zählen wohl überhaupt nicht obligatorisch. Die Versteuerung erfolgte dann nach Kisten.

4) H 556. — Franz. Abt. a. a. O.

5) Die im 15. Jahrhundert „Kannenträger" genannten 8 städtischen Beamten haben kaum etwas mit den soeben geschilderten Zuständen zu tun; sie trugen vermutlich im Auftrage des Rates Wein aus, der an eine Reihe von Bürgern oder an die Gäste der Stadt zu geben war. Stein II, 279 (1435), 323 (1446).

Im Kohlenhandel war eine obrigkeitliche Meßvermittlung fast noch unentbehrlicher für die Käufer, als bei anderen geschütteten oder verschlossen kommenden Waren. Die Holz-, sowie die Steinkohle sind, wenn sie in größeren Stücken gehandelt werden, sperrig, und es ist ein erheblicher Unterschied, ob sie hastig oder sorgfältig, d. h. meist zugleich, ob sie vom Verkäufer oder vom Käufer ins Maß geschaufelt werden [1]. Blindlings zu kaufen, empfahl sich für den Käufer in jenen Zeiten nicht, da er meist unfehlbar betrogen worden wäre, und ein Nachmessen der einmal bei ihm aufgeschütteten Ware hätte verhältnismäßig zu viel Arbeitsaufwand erfordert. Kam die Kohle schon fest in Säcke verpackt, so konnten diese wieder ungebührlich verkleinert worden sein. Und so empfahl sich hier ein unparteiisches Maß ganz besonders.

Schon zu Anfang des 15. Jahrhunderts gab es in Köln 12 Kohlenmüdder, deren Anfänge aber wohl sicher auf frühere Zeiten zurückgingen und die sich nach mancherlei Schwankungen gegen das Ende des 15. Jahrhunderts auf 18 vermehrt hatten [2]. Sie hatten natürlich ein Monopol mindestens für alle Kohlen, die an Zwischenhändler verkauft wurden, während sie jedoch nicht berechtigt waren, beim Absatz an den letzten Verbraucher einzugreifen, obwohl sie das auch versuchten [3]. Sie unterstanden zwei Ratskohlen-

---

1) An diesen Umstand knüpfen z. B. mit die ersten Kartellierungsversuche der Ruhrkohlenhändler und Schiffer zu Anfang der 50er Jahre des 19. Jahrhunderts an! Diese vereinbarten unter anderem damals, nur durch ihre Schiffer, nicht durch die Käufer messen zu lassen. Bericht der Koblenzer Handelskammer für 1855 S. 9.

2) Stein II, 185, 268 f., 334 f., 454 f. Kuske, Quellen II 250 ff., 258, 345 ff. — Kohlenmesser auch in Frankfurt a. M.: K. Bücher, Bevölkerung von Frankfurt S. 145, 221.

3) Stein II, S. 185. — v. Loesch, Zunfturkunden II, S. 307 (1490): Der Großkaufmann und Kupferwerksbesitzer Heinrich Struyß darf Kohlen für seinen Betrieb ohne ihre Mitwirkung importieren. (Die Bezeichnung desselben als „Walzwerk" durch v. Loesch ist ein kräftiger Anachronismus!)

herren und wurden von diesen jährlich zweimal vereidigt [1]).

Die Müdder verteilten sich über die verschiedenen Kohlenhandelsplätze und maßen dort mit ihrer Müdde die lose einkommenden Ladungen. Die Säcke wurden dagegen dem Umfange und der Länge nach mit einer Kette abgemessen („gestrichen"). Zum Vergleiche hing dafür auf dem Heumarkt ein städtischer Normalsack von $3^1/_4$ Ellen Länge. Die Müdder waren gehalten, die Kohlen sorgsam ins Maß zu schichten und dicht zu legen und die Köhler dabei nicht mit arbeiten zu lassen, also mehr den Standpunkt der Käufer zu wahren, denen sie übrigens oft auch als Einkäufer dienten [2]). Die Säcke waren zu untersuchen, ob darin *„dreck, gemüll of snoede koelen"* untermengt seien [3]).

Die Müdder wachten darüber, daß die Köhler nicht mehr forderten oder die Käufer nicht mehr boten, als die vom Rat festgesetzten Preistaxen vorschrieben, und brachten derartige Übertreter zur Anzeige.

Zu jedem Müdder gehörte stets auch ein Kohlenträger (später Kohlenschürger), der mit ihm Hand in Hand arbeitete, die Säcke beim Messen aufhielt und dann ein Tragmonopol handhabte. Ihre Zahl war im Mittelalter der der Müdder gleich und hielt sich seitdem immer auf 12. Es scheint jedoch, daß die Zahl der Müdder, von denen wir später nur noch wenig hören, abnahm.

Seit Anfang des 17. Jahrhunderts bewirkte das Vordringen der Steinkohle die Ausbildung eines neuen ständigen Kohlenmarktes auf dem Rheinwerft, dicht oberhalb des Hasengassenkrans. Zum Teil bestand der Markt aus Lagerplätzen, die von der Stadt an die Händler verpachtet wurden [4]) und die der „Kohlberg" hießen. Die Stadt stellte

1) Um 1470 bestimmen sie eine kleine Abgabe, die von den Nideggener Kohlenhändlern am Hahnentor gezahlt werden mußte, zur Ansammlung eines Fonds, mit dem sie sich ein Häuschen bauen wollen. Dafür dürfen die Kohlen der Nideggener in der Stadt frei vom Maß *„up die aventuyrr" verkauft werden.*

2) Stein II S. 454, 456 (1469).

3) H 208.

4) S. hierzu meinen Aufsatz im Jahrb. d. Kölnischen Geschichtsvereins Bd. II (1913) S. 106. Die Höfe und Hütten galten besonders

jetzt zunächst 6, seit den 40er Jahren des 18. Jahrhunderts 10 besondere Kohlenträger ein, die das Löschen der Kohle besorgten und sie auf dem Kohlberge lagerten. Das geschah nicht nur in der Reihenfolge der Ankunft der Schiffe, sondern es wurde auch der Schiffer bei der Abfertigung bevorzugt, der den billigsten Preis für die Kohle forderte [1]). Den Transport in die Stadt besorgten zum Teil die alten Träger, die jedoch nun Kohlenschürger hießen. Zum Teil rekrutierten sich anscheinend die neuen Träger aus den Holzzählern, deren Zahl, wie bereits gezeigt wurde, um die gleiche Zeit abnahm, weil sie überflüssig wurden. Wahrscheinlich um den Ansprüchen der Salzmüdder auf das gesamte Kohlenmaß am Rhein zu begegnen, teils vielleicht auch um einer gerechteren Messung willen, errichtete die Stadt ober- und unterhalb des Bollwerks am Hasengassenkran je eine Kohlenwage. Über diese mußten die Steinkohlen laufen, bevor sie zum Lagern und zum Verkauf kamen, und bei ihnen ging die Arbeit der Träger in die der Schürger über. Sie wurden je von 2, später 3 Kohlenwiegern verwaltet.

In den 80er Jahren des 18. Jahrhunderts stieg der Steinkohlenverbrauch in Köln um das Doppelte, während sich das Holzangebot und dementsprechend auch mit das der Holzkohlen gegen früher auf die Hälfte verringert hatte. Darin zeigten sich die Wirkungen der im 18. Jahrhundert viel beklagten Waldverwüstung, der die Gesetzgebung der benachbarten Staaten anscheinend vergeblich zu begegnen suchte [2]).

---

für den Winter und enthielten je 2 Schiffsladungen. Alle halben Jahre wurden durch die Wallherren, die das Werft beaufsichtigten, die Reihenfolge des Verkaufs bestimmt und die Preise festgelegt und angeschlagen.

1) H 206 (1712).

2) Im Jahre 1741 erließ z. B. der Kölner Erzbischof ein Verbot gegen die Ausrottung der Wälder. Es sollten beim Fällen von Baumbeständen mindestens 20 Heister auf dem Morgen stehen bleiben und für jeden geschlagenen großen Baum ein neuer gepflanzt werden. Es wurde verboten, Maibäume in den Häusern aufzustellen und Vieh während der Wachstumszeit des Waldes dahin zu treiben. Es sollten

Auf der andern Seite mehrte sich das Kohlenangebot in Köln fortgesetzt, seitdem die preußische Verwaltung in der Grafschaft Mark durch die neue Berggesetzgebung der 60er Jahre und durch die bald darauf erfolgende Schiffbarmachung der Ruhr starke Anregungen auf die Ausbreitung und die Intensierung der Bergwerke hatte ausgehen lassen. Daher belebte sich in dieser Zeit die Arbeit am Kölner Kohlberg. Die Kohlenträger mußten zahlreiche „unqualifizierte" Hilfsarbeiter einstellen, während die noch übrigen Holzzähler Hunger litten [1]).

Außer den Kohlenarbeitern waren am Werft noch je ein Mann an dessen Nord- und Südende postiert, wo die Befestigungen des Kuniberts- bez. des Bayenturms quer in den Rhein hineinragten, sodaß dort die Leinen, an denen die Schiffe aufwärts gezogen wurden, nicht passieren konnten. Sie mußten daher von den Pferden losgemacht, auf einem Kahn um den Turm herumgefahren und dann wieder angeschirrt werden. Das geschah durch die beiden „Leinenumstecher".

Mit ihnen schloß sich die bunte Reihe der Arbeiter am Rheine, von denen jede Gruppe auch örtlich ihren bestimmten Platz hatte. Alle zusammen waren sie verpflichtet, das Werft zu pflegen und vor allem auch zu reinigen. Hierfür hatte jede ihren bestimmten Abschnitt überwiesen bekommen, der meist ihre Arbeitsgegend mit einschloß.

2. Die Arbeiter auf den Märkten.

Die Kornmüdder und Sackträger.

Es war selbstverständlich, daß besonders das Getreide, das auf den obengenannten Plätzen zum Verkauf kam, ein sehr beachteter Gegenstand der inneren Politik des Rates

---

Baumschulen und Schonungen eingerichtet werden und die Gemeinden wurden angehalten, Bäume zu pflanzen. Jeder Erwachsene, der bei ihnen zuzog, hatte einige dazu zu liefern. H 206, 210. — S. aber auch schon Kurkölnische Maßnahmen für die Wälder um 1690: Scotti, Kurköln I, 1 S. 535.

1) H 210.

wurde [1]). Die Stadt erhob vom Mehl, das daraus zum inneren Verbrauch gemahlen wurde, eine Accise, und beim rohen Getreide, das im großen verkauft oder eingeführt wurde, genoß sie die Hälfte des Ertrages vom Maß, was schließlich praktisch auch auf eine Accise hinauslief. Außerdem durften, mindestens bereits im 16. Jahrhundert, in der Stadt keine Getreidehandelsgeschäfte nach dem größeren erzbischöflichen Maß abgeschlossen werden [2]), sodaß sich auch deshalb eine besondere städtische Messung gebot, ein Umstand, der, wenn er auch für das Salz gegolten haben sollte, zugleich auf die Ausbildung des städtischen Salzmaßes ein besonderes Licht werfen würde. Die Kornmüdder, die also das städtische Gegenstück zum erzbischöflichen Getreidemaß der Salzmüdder vertraten, lassen sich bereits um 1335 nachweisen [3]), und schon im 15. Jahrhundert betrug ihre Zahl 26, die sich bis zum Ende des 18. Jahrhunderts auf dieser Höhe hielt [4]). Damals hatten sich auch schon die Grundlagen der späteren eigentümlichen Rechtsverhältnisse im Eigentum am Kornmaß gebildet. Es wurde durch den Müdder von der Stadt gekauft und diese zahlte den Hinterbliebenen des vorhergehenden Besitzers die Hälfte des Erlöses aus, um ihnen eine Unterstützung zu gewähren [5]). In späterer Zeit durfte es der Besitzer aber auch auf eigene Rechnung verkaufen, ebenso wie es sich vererben konnte. Es waren dann nur bei jedem Besitzwechsel, außer wenn der Besitz auf die Witwe ging, vom Nachfolger 2 Fuhren Hafer oder deren Geldwert an die Stadt zu leisten, die allerdings bei den häufigen heftigen Teuerungen recht kostspielig sein konnten [6]), außerdem einige Taler Gebühren an die Rats-

---

1) S. hierzu auch J. Lindlar, Lebensmittelpolitik der Stadt Köln im Mittelalter (Ergänzungsheft 2 zum Jahrb. d. Kölnischen Geschichtsvereins, Köln 1914).

2) Actus et processus VI, 62 (1590).

3) Stein II S. 5. — Kornmüdder auch in Neuß, s. F. Lau, Neuß, S. 145* f.

4) Kuske, Quellen II S. 334 (um 1475).

5) Ebd. S. 338.

6) Im Jahre 1733 z. B. einmal 25 Taler. H 361.

gerichtsschreiber und die Brotwieger, die bei der Übertragung dieses Besitzes amtlich und als Boten mitwirkten. Die Vererbung war nur möglich, wenn sie ausdrücklich testamentarisch erfolgte. War das nicht der Fall oder waren die Erben nicht imstande, das Maß zu besorgen, so erfolgte dessen Versteigerung. Eine Ausnahme machten im letzteren Falle nur die Witwe [1]) oder minderjährige Kinder. Jene konnte das Maß zur Leibzucht von anderen verwalten lassen und auch für diese wurde, bis sie dazu im stande waren, ein Vertreter eingesetzt.

Die Versteigerung des Fasses erfolgte auch ungeachtet testamentarischer Verfügung, wenn es die Gläubiger des Verstorbenen beantragten und der zuständige Bürgermeister das genehmigte. Der Gläubiger hatte jedoch nur ein Anrecht auf die Hälfte des Erlöses, die andere kam abzüglich der oben genannten, hier etwas höheren Gebühren den Erben zugute. Daher durften die Müdder das Recht nicht höher als bis zur Hälfte seines letzten Wertes belasten.

Das Sümmerfaß wurde zur Versteigerung von einem Brotwieger aufs Ratsgericht geholt, wo sie dann durch die Schreiber ausgeführt wurde. Auch in späterer Zeit zahlte die Stadt den Erben die Hälfte des Ergebnisses aus, falls es ihr mangels testamentarischer „Resignation" verfallen war.

Die einzelnen „Sümmer" waren je nach den Toren von verschiedenem Wert [2]). Die 26 Müdder verteilten sich nämlich auf ganz bestimmte Tore, und der einzelne hatte nicht das Recht, an anderen zu messen. Der Wert des Maßes hing ab von der Zahl der für das betreffende Tor vereidigten Müdder und vor allem von den Einfuhrmengen, die dort hindurchzugehen pflegten. Die teuersten Maße saßen am Severinstor, durch das im Herbste viel oberländisches Pachtkorn kam, an den Landtoren und am Rheingassentor, das nur einen Müdder hatte. Sonst waren die unten (S. 60 Anm. 1) zuletzt genannten drei Rheintore die magersten, was wohl, wie bereits erwähnt wurde, mit dem erzbischöflichen Getreidemaß der Salzmüdder zusammenhing, durch das eine doppelte Be-

1) Von dieser konnte es auch deren späterer Mann erben.

2) Vgl. H 361.

lastung des Getreides hervorgerufen werden mußte, das zu Schiff kam. Daher importierte man es möglichst von der Landseite aus. Daher kam es aber auch, daß die Kornmüdder nicht in den Schiffen, sondern erst von den Toren aus stadteinwärts an das Getreide heran durften [1].

Im Mittelalter mußte der neu antretende Kornmüdder 2 Bürgen für zusammen 100 Goldgulden stellen und nachweisen, daß er unabhängig und selbständig sei, auch keine Bürgschaft übernommen habe; er mußte außerdem einen Harnisch besitzen. In späterer Zeit scheint der Stadt der Umstand genügt zu haben, daß die Gläubiger nur die Hälfte des Sümmerwertes beanspruchen konnten, sodaß ihr stets der Zugriff gegen die andere offen blieb, falls der Müdder irgend etwas verschuldet und besonders unterschlagen hatte [2].

Die Müdder hatten das Monopol zum Messen des Getreides innerhalb der Stadtmauern, während sich ihre erzbischöflichen Konkurrenten, die Salzmüdder, mit ihrem parallelen Recht außerhalb zu halten hatten. Die Kleinhändler durften Getreide nur bis zu $^1/_4$ Sümmer ausmessen; niemand in der Stadt durfte überhaupt ein ganzes Sümmermaß besitzen.

Die Müdder warteten an den genannten Toren auf die Getreidesendungen und maßen diese auf den für den Handel bestimmten Plätzen, Pacht- und Schuldkorn aber auch in den Häusern. Hatte das Gut noch keinen Käufer gefunden, so vermittelten sie diesen, da sie zugleich auch Unterkäufer

---

1) Zahl der Müdder am Severinstor 3, Weyertor 4, Hahnentor 5, Ehrentor 6, Eigelstein 3, Kost (Kotz-)gasse 2, Salzgasse 2, Rheingasse 1. Wert des Kornmaßes z. B. Severin: im Jahre 1714: 600 Taler; 1735: 1100. 1759: 1203 (Zwangsversteigerung!). 1763: 825. 1777: 11-1200 (Schätzung). Weyer: 1716: 412. 1723: 375. Hahnen: 1716: 500. 1722: 516. Ehren: 1716: 515. 1726: 550. 1734: 724. 1760 (der gleiche Sümmer): 1100. 377: 7—800. Eigelstein: 1747: 500. 1761: 645. 1762: 500. Kostgasse: 1724: 312. 1727: 300. 1736: 246. Salzgasse: 1744: 250. 1758: 400. Rheingasse: 1737: 530. Im Jahre 1748 wird ein Severinssümmer für jährlich 84 Taler verpachtet. — H 361.

2) Vgl. auch H 361 (1756).

waren [1]). Sie trugen zu diesem Zwecke Muster herum oder boten sie auf dem Markte aus [2]), und erst nach drei Tagen durfte der Verkäufer einen anderen Müdder wählen, falls der erste das Gut nicht losschlagen konnte, ebenso wie es einem Müdder untersagt war, sich vor Ablauf dieser Zeit an des ersten Stelle rufen zu lassen. Der Hauptmarkt fand immer besonders auf dem Alten Markt statt, wo die Müdder nach dem Uhrenschlage von Groß-St. Martin im Sommer um 8, im Winter um 9 Uhr den Beginn der Geschäfte mit einer Schelle einläuteten.

Beim Messen hatten die Müdder den Sümmer mit einem Stab glatt zu streichen, sodaß also nicht gehäuft geliefert wurde [3]), eine Bestimmung, die sowohl eine klare Handelsgewohnheit schuf und Streitigkeiten vermied, als auch der Stadt und den Müddern selbst zu gute kommen mußte, da sich so das Korn auf mehr Maße verteilte [4]). Sie kassierten nach Erledigung des Kaufes ihr Meßgeld ein und für die Verkäufer den Preis, den sie bei Verlust ihres Amtes und unter Schadenersatz innerhalb dreier Tage abliefern mußten.

Sie hatten die Lauterkeit des Handels zu überwachen und besonders auch den Vorkauf zu bekämpfen, also den Zwischenhandel, der sich zwischen die städtischen Verbraucher oder Wiederverkäufer und die Verkäufer zu schieben suchte, die bereits nach Köln unterwegs waren. Sie durften selbst keine Nacht ohne Erlaubnis der Bürgermeister außerhalb der Stadt zubringen [5]), um draußen nicht heimlich zu kaufen oder den Preisstand in der Stadt verraten zu können; denn sie unterlagen oft genug ebenfalls der Versuchung, auf derartige unerlaubte Weise eigene Geschäfte zu machen, zu denen die starken Schwankungen der Getreidepreise in früheren Jahrhunderten mit ihren hohen Konjunkturgewinnen umso mehr einluden. Die Müdder wurden jährlich kurz nach der Bür-

---

1) Sie lagen allerdings ständig im Kampfe gegen „unqualifizierte Kornmäkler". H 361.

2) *„zeigen die stalen"*. Kuske, Quellen II S. 336.

3) Kuske, Quellen II S. 335.

4) Stein II, 186 (1407).

5) H 361 (1594, 1693, 1710).

germeisterwahl nach St. Johannis neu vereidigt, wobei die Bürgermeister ihre Fässer prüften und ein neues Aichzeichen einbrannten, wofür sie in späterer Zeit eine Recognitionsgebühr von $2^1/_2$ Taler zu entrichten hatten. Vor allem war ihre Tätigkeit der Stadt aber wichtig, weil sie darauf ihre wöchentlichen Brottaxen aufbaute. Daher mußten die Müdder wöchentlich auf dem Rathaus genauen Bericht über die letzten Vorgänge im Getreidehandel und über dessen Preisbewegungen erstatten, die dem Rat dann bei der Aufstellung der Brotpreise der Bäcker zur Richtschnur dienten. Ebenso dienten sie der Stadt in Teuerungszeiten bei der Feststellung der bei den Bürgern lagernden Vorräte und bei der Beschaffung von Korn [1]).

Die Kornmüdder besaßen übrigens auch das Recht, Ölsamen zu messen, mit dem in Köln namentlich im 18. Jahrhundert ganz bedeutende Umsätze gemacht wurden [2]).

Die Kornmüdder wurden durch die Kornträger (Sackträger) ergänzt [3]), die ebenfalls schon im 14. Jahrhundert bestanden. Sie hielten die Säcke beim Messen auf, hatten das Tragmonopol vom Markte aus und luden unter anderem das Getreide auch in Schiffe ein, weshalb von ihnen auch an den Rheintoren eine größere Anzahl — nämlich 9 an der Rhein- und 8 an der Trankgasse — aufgestellt war. Das Getreide suchte also in Köln das Schiff mehr, als es damit ankam, da es in jenem Falle dem doppelten Maße entging; denn die Salzmüdder maßen nicht, was aus der Stadt heraus ging. Im ganzen mag die Zahl der Sackträger der der Kornmüdder etwa gleichgekommen sein, sodaß der Getreidehandel über 50 öffentliche Arbeiter beanspruchte.

---

1) Im 17. Jahrhundert kämpfen sie gegen einen Müdder, den das Domkapitel für die Vermessung des Getreides der Geistlichen angestellt hat. H 361.

2) Der Kaufmann Karl Pohl, der im Bergischen Lande einige Ölmühlen besaß, verkaufte z. B. jährlich für 18—20 000 Taler an Öl. H 389.

3) So auch in Neuß, wo die Sackträger sogar eine Zunft bildeten. S. F. Lau, Neuß, S. 92*. — In Frankfurt Kornmesser und Sackträger: K. Bücher, Bevölkerung von Frankfurt S. 145.

Die Träger hatten sich von den Müddern scharf zu unterscheiden; es war ihnen auf das strengste untersagt, etwa zu messen, Muster auszutragen oder sich sonst in Müdderarbeit zu mischen.

Die Kalkmüdder.

Den Kornmüddern ähnelten in vieler Beziehung die Kalkmüdder, obwohl deren Amt viel bedeutungsärmer war. Es gab deren nur zwei, die an zwei Toren auf die 3—4 Karren Kalk warteten, die während des 18. Jahrhunderts täglich in dem damals wenig baulustigen Köln ankamen. Sie kontrollierten die Ladungen und sonderten schlechtgebrannte Stücke und Steine aus. Sie waren gehalten, beim Messen möglichst die Lücken zwischen den Stücken auszustopfen, und zogen für die Bauern (Kalkhalbmänner), die den Kalk meist brachten, innerhalb von 8 Tagen den Erlös ein. Sie trugen das Gut von Haus zu Haus und vermittelten besonders auch übrigbleibende Ware zum Verkauf an die Vorräte der Steinmetzzunft [1]. Ihre Arbeit war nicht imstande, sie zu ernähren, weshalb sie nebenher andere Gewerbe treiben mußten.

Die Stöcker.

Auf dem Viehmarkt, und zwar besonders auf dem „großen", war eine Arbeiterkolonne von 15 oder 16 Mann tätig, die man die Stöcker oder Stäbler *(stever, steveler, steurer, steuwere)* nannte und die hier die Funktionen der Träger bei anderen Gütern verrichteten. Alljährlich vor Beginn des Großen Viehmarktes wurden sie von den Viehmarktherren neu in Eid genommen. Sie warteten an den Toren auf das Vieh, und zwar wohl namentlich am Eigelstein, da die Hauptmengen schon im Mittelalter von Norden her, aus Holland, Friesland und Westfalen kamen [2]. Sie gaben acht, daß die oft Hunderte von Stück umfassenden

1) S. H 212. — Ratsedikte 12, 105 (1737).

2) S. meinen Aufsatz im Jahrb. d. Kölner Geschichtsvereins Bd. II (1913). Köln war schon in jener Zeit, wie heute noch, der größte Viehmarkt des Rheinlandes.

Rinder- und Schweineherden [1]) vor dem Torschreiber genau nach Zahl und Sorte angegeben wurden. Sie trieben sie darnach auf den Markt und meldeten dort bei den Accisemeistern die dazu gehörigen Kaufleute und die Zahl und die Art der Tiere an [2]). Sie machten diese dann an den Pfosten fest, die ebenso wie die dazu nötigen Seile von den Stöckern selbst zu beschaffen und zu ersetzen waren. Sie hielten die Ordnung auf dem Markte aufrecht und reinigten ihn. Sie sorgten, daß genügend Raum zwischen den Tieren blieb, und wachten besonders, daß keines heimlich entfernt wurde. Erst nachdem ihnen ein Accisezeichen vorgewiesen wurde, trieben sie das Vieh in den Stall des Käufers. Das unverkäuflich gebliebene zählten sie und geleiteten es in die Ställe der Gasthäuser, wo die Kaufleute abgestiegen waren [3]), um es dort am anderen Morgen früh wieder abzuholen und von neuem auf dem Markte aufzustellen. Dabei hatten sie den Steuerbeamten fortwährend Meldung über die Zahl der Tiere zu geben, die mit deren Ermittelungen verglichen wurde. Das von Auswärtigen gekaufte Vieh, das zu einem niedrigeren Satze versteuert wurde, begleiteten sie nach dem Tor, um zu kontrollieren, daß es auch wirklich aus der Stadt hinausging. Zum Beweis dafür erhielten sie den Ausfuhrschein, den der betreffende Käufer bekommen hatte, zurück, ließen ihn vom Torschreiber abstempeln und lieferten ihn dem Accisemeister auf dem Markte wieder ab. Sie besorgten aber auch den gleichen Dienst auf dem Kleinen Viehmarkt und gaben das ganze Jahr hindurch acht, daß keine Rinder oder Schweine außerhalb der festbestimmten Markttage etwa heimlich in die Stadt getrieben und verkauft wurden. Sie verfolgten ebenso auch den Vorkauf, und es war ihnen untersagt, Kommissionsgeschäfte zu treiben [4]).

Da der Dienst auf dem Viehmarkt sie nur an wenigen Tagen beanspruchte, so waren sie zugleich Speck- und Schinkenkleinhändler. Sie ließen schon im Mittelalter dieses

1) Nur für diese Tiersorten kamen sie in Betracht.

2) Die Besteuerung erfolgte auch innerhalb der gleichen Tierart nach verschiedenen Sätzen, z. B. Ochsen, Kühen, Kälbern usw.

3) Im 15. Jahrhundert z. B. der Nassauer Hof. Kuske, Quellen II S. 724.

4) S. über sie bes. Stein II, 649 (1493); H 335, 339.

geräucherte Fleisch, das ja schon damals auch im großen aus der Ferne kam, durch zwei ihrer Genossen im Kaufhaus einkaufen und verteilten das dann, vermutlich, weil sie nur gemeinsam auf die dort zulässige Mindestmenge des Einkaufs kamen. Sie mußten es dann von bestimmten „Speckbänken" auf dem Heumarkt aus verschleißen [1]). Mindestens in späterer Zeit scheinen sie auch z.T. identisch mit den Garköchen zu sein, die monatlich je ein Schwein schlachten und sein Fleisch gekocht auf dem Markte absetzen durften. Es war natürlich, daß sie wegen aller dieser von der Stadt ausdrücklich gebilligten Fleischhandelsgeschäfte mit der Metzgerzunft auf gespanntem Fuße standen und daß diese jede Überschreitung ihrer Befugnisse auf die in den Zeiten der Zunftstreitigkeiten übliche umfängliche Weise bekämpfte [2]).

Falls die Speckschneider, die schon im 14. Jahrhundert genannt werden [3]), bereits im Mittelalter mit den Stöckern persönlich identisch gewesen sein sollten, was sich für diese Zeit nicht nachweisen läßt, so würde der gemeinsame Einkauf immerhin schon auf gewisse genossenschaftliche Anfänge auch dieser Arbeiter schließen lassen. Sicher aber schlossen die Stöcker im Jahre 1676 untereinander einen „Vertrag", der auch im Jahre 1723 wieder vom Rat bestätigt wurde [4]). Darin vereinbarten sie den genossenschaftlichen Betrieb ihres Berufs (s. unten Kap. IV, 3), die Einrichtung einer Begräbniskasse und die gemeinsame Beschaffung von Pfosten und Seilen. Es scheint, daß sie auch einen gemeinsamen Versammlungsort hatten; denn ein Teil des Eintrittsgeldes des neuen Genossen wurde dazu verwendet, für ihn einen Schild anzufertigen, wie er früher für die Mitglieder der

1) S. meinen Aufsatz im Jahrb. d. Kölner Geschichtsvereins Bd. II.

2) S. hierzu Ausführliches Kölner Stadtarchiv, Zunftabteilung 267.

3) v. Loesch, Zunfturkunden II S. 124.

4) Diese werden im Mittelalter nur äußerst selten genannt, s. Stein II S. 649. Auch um 1575 wird noch verordnet, daß die Kaufleute ihr Vieh vom Stall aus selbst wieder zu Markte bringen sollen, so daß die oben geschilderte Tätigkeit der Stöcker noch nicht so allseitig wie im 17. und 18. Jahrhundert ausgebaut erscheint. H 339.

4) Ratsprotokolle 170, 252.

Zünfte und Gaffeln auf deren Häusern aufgehängt wurde. Im Jahre 1723 schritt der Rat auch bei ihnen gegen die hohen Ansprüche ein, die sie an die neu zu ihrem Berufe Hinzukommenden stellten, und verordnete die Herabsetzung des Eintrittsgeldes von 50 auf 16 Taler [1]. Zur Durchsetzung der sonst im einzelnen nicht bekannten Statuten wurden zwei sog. „Strafmeister" gewählt.

Die übrigen Arbeiter der Märkte.

Auf dem Wochenmarkt, der auf dem Alten und teilweise, wenigstens im Mittelalter, auch auf dem Heumarkt stattfand, entwickelten sich ebenfalls nach und nach gewisse kleinere Arbeitergruppen, die jedoch nur zum Teil mit der Steuererhebung zusammenhingen, die hier, wo ein großer Teil des Gutes von der ersten Hand immer sofort in die letzte ging, wohl überhaupt von geringerer Bedeutung war. Immerhin trat hier zunächst zu den städtischen Salz- und den Kornmüddern eine dritte Arbeiterkategorie, die das städtische Gegenstück und den städtischen Wettbewerb zu dem erzbischöflichen Institut der Salzmüdder vertrat, und zwar zu deren Maß der Baumfrüchte. Es waren die 4 oder 5 Nußträger, die vermutlich mit den mittelalterlichen „Trägern am Obstmarkt" identisch sind [2]. Sie übernahmen Nüsse, Kastanien und Obst von den Salzmüddern am Rheine und trugen sie auf den Markt, wofür sie ein Monopol besaßen; das gleiche war bei ihnen für die Messung der Früchte der Fall, die zu Lande in die Stadt kamen, und worin ihre Tätigkeit somit ebenfalls zu der der städtischen Salz- und Kornmüdder parallel lief [3]. (Die Nüsse wurden übrigens gezählt!) Sie hatten unter den Marktmeistern mit die Aufsicht über die Accise auf dem Markt zu führen, die auch hier vom Verkauf an Zwischenhändler üblich war. Der

1) Davon sollten 4 an die Begräbniskasse, 8 für Pfosten und Seile, 1 für den Schild, 3 für den Eintritt im allgemeinen bestimmt sein.

2) Ende des 18. Jahrhunderts war ein Nußträger zugleich Kohlenträger.

3) Bis zum 16. Jahrhundert maß nur der Marktmeister des Apfelmarktes und die Träger trugen nur. Kuske, Märkte und Kaufhäuser S. 90 f.; — H 550.

Transport in die Häuser erübrigte sich hier, da das von jenen angekaufte Gut sofort auf dem Markte bleiben und hier im kleinen ausgeboten werden mußte [1]. Daß auch die Nußträger eine engere Genossenschaft bildeten, ist zu vermuten, da sie anscheinend eine Begräbniskasse hatten [2].

Auf dem Alten Markt befand sich schon seit dem 15. Jahrhundert eine Butterwage, die wie die im Kaufhaus als städtisches Wettbewerbsinstitut zur erzbischöflichen Fettwage an der Neugasse eingerichtet worden war. Auf sie gehörten Butter, Speck und Schinken, die aus der ländlichen Umgebung der Stadt kamen [3]. Hier finden wir im 18. Jahrhundert die Butterträgerinnen, die das Monopol hatten, die Mengen über 20 Pfd. für die Zwischenhändler und Konsumenten von der Wage in die Häuser zu tragen. Im Jahre 1742 wurde ihre Zahl auf 30 vermindert. Sie wurden von den Marktherren angenommen und losten vor ihnen die Reihenfolge des Tragens aus. Kranke oder altersschwache stellten dabei Vertreterinnen; diejenigen, die nicht zur rechten Zeit anwesend waren, wurden ohne Entschädigung in der Reihe übergangen. Je zwei von ihnen mußten stets an den beiden Seiten der Wage zur Verfügung stehen. Die Bürger mußten sich der Reihenfolge der Frauen fügen, die jedoch für die Zwischenhändler, die überhaupt erst von 10 Uhr an einkaufen konnten, auch erst nach dieser Zeit trugen [4].

Auf dem Heu- und dem Waidmarkt wandte die Stadt den für diese Märkte charakteristischen Waren ihre besondere Aufmerksamkeit zu. Das Heu wurde schon im Mittelalter durch 5 Heumesser mit 6 Ellen langen Ketten und 12 Fuß langen Seilen [5]) wohl je nach den üblichen Ballen gemessen, und es wurde dabei deren Inneres untersucht [6].

---

1) Ebd.

2) Ratsprotokolle 145, 17 (1698).

3) Sie hatte zwei Abteilungen, die eine für Butter in großen Packungen, die andere für kleinere Mengen und für Speck und Schinken.

4) Ratsedikte 28, 347, 377.

5) 1 köln. Elle = 0.58 m; 1 Fuß = 31.8 cm.

6) Kuske, Quellen II S. 5 (um 1450), S. 227 (1470); Stein II S. 563 (1478).

Der Waid verfiel dem einzigen Waidmesser, der ebenso wie jene die Grundlagen für die Besteuerung feststellte [1]. Er war anscheinend schon zu Anfang des 14. Jahrhunderts, also in einer Zeit vorhanden, da der Waidmarkt überhaupt entstand. Mindestens vereinbarten damals die Waidhändler, nur ein bestimmtes, dem Gute eigentümliches Maß benutzen zu wollen [2]. Sicher wird er aber ausdrücklich schon um das Jahr 1400 genannt. Auch bei diesem Maß hielt die Stadt die Gewohnheit aufrecht, daß es gestrichen und nicht gehäuft verwendet wurde [3].

Schließlich stand auf dem Fischmarkt noch eine Wage, die von 2 Wiegern bedient wurde [4].

Auf den Märkten und ihren späteren Abzweigungen in den verschiedenen Stadtteilen war außer diesen eigentlichen Arbeitern noch eine Anzahl Personen tätig, die wir von heute gesehen mehr zu den „Unterbeamten" rechnen würden, die in festem Gehalt standen und Kleider in den bunten Amtsfarben der Stadt — schwarz und rot — trugen. Die Polizei und äußere Ordnung wurden außer durch die Diener der Bürgermeister und der Gewaltrichter durch die vier Klocken oder Bovenkönige (nach dem Kartenspiel genannt?) ausgeübt, welche den Markt einläuteten, die Stände einteilten, Standgeld einzogen, die wöchentliche Reinigung durch die Händler überwachten, gelegentlich auf dem Viehmarkt halfen, die (noch im 18. Jahrhundert) frei auf den Straßen herumlaufenden Schweine fortnahmen und auch den Vorkauf bekämpften. Die Güte der Waren auf dem Gemüse-, Obst- und Geflügelmarkt wurde durch den Ratskoch, der ebenfalls bunt gekleidet ging, kontrolliert. — Von besonderer Bedeutung für den Nahrungsmittelabsatz waren die 2 Brotwieger, die fortgesetzt in der Stadt unterwegs waren, bei den Bäckern das Brotgewicht prüften und das Gewicht auf dem Fischmarkt und in den Fleischhallen untersuchten. Sie waren vor allem auch die Diener des Bürgermeistergerichts [5].

1) Waldmesser auch in Neuß: Lau, Neuß S. 138*.

2) v. Loesch, Zunfturkunden I S. 199.

3) Stein, II 149 f., 197.

4) Kuske, Quellen II, 215 f. (1469).

5) H 356, 550, 551, 552.

Im Jahre 1716 richtete die Stadt, den neuen Forderungen der Rokokokultur genügend, „Sesselträger" ein [1]), die unter den Provisoren des städtischen Armenhauses auf der Breitestraße standen, das auch einen Anteil von den Einkünften des Tragens hatte. Die Träger, deren Zahl nicht genannt wird, ersetzten wohl auf den holprigen und engen Straßen die heutigen Droschken. Sie hatten Tag und Nacht [2]) dem Publikum zur Verfügung zu stehen und wurden nach Zonen bezahlt, die quer durch die Stadt von deren Süd-Nordachse Severinstor-Eigelsteintor aus schnitten [3]). Jede Wartestunde wurde mit 3 Stübern [4]) vergütet. Die Benützung der Sänfte für einen halben Tag (6 Stunden) kostete 30, ein ganzer Tag 60 Stüber. Bei gewöhnlichem Gebrauche zu einem Gang war das Tragegeld im voraus zu entrichten.

3. Die Kaufhausarbeiter.

Die Kaufhäuser, die verschiedenartige Güter aufnahmen, — im Mittelalter die beiden auf dem Alten Markt und Malzbüchel und seit etwa 1500 deren Nachfolger, der große Gürzenich, — waren einander in den meisten äußeren Verrichtungen sehr ähnlich und damit auch in der Organisation der Arbeiter. In jedem dienten an den Wagen unter deren Wiegemeistern meist 2 Wiegeknechte, und da in der Stadt nur im Kaufhaus im großen gewogen werden durfte, besaßen sie das Arbeitsmonopol für alle derartigen Umsätze. Im Kaufhaus auf dem Alten Markt, dem späteren Leinenkaufhaus, hatten sie das Vorrecht, dessen Güter in die Häuser oder an den Rhein zu tragen oder mit eigenen Karren zu fahren. Hier waren außerdem ein besonderer Packer und schon seit seiner Eröffnung 6—8 Streicher tätig. Die letzteren wickelten die Leinen- und Tuchballen auf und zu und maßen sie, wobei sie auf die Fehler des Gewebes

---

1) Über Sesselträger in Bonn s. Scotti, Gesetze und Verordnungen von Kurköln I, 2 S. 756. (1747.)

2) In der Nacht mußte der Benutzer das Licht selbst stellen.

3) Severinstor-Waidmarkt-Budengasse-Anfang Eigelstein - Eigelsteintor.

4) Ca. 20 Pf. 60 Stüber = 1 Reichstaler.

achteten [1]. Seit dem 16. Jahrhundert, nachdem ein großer Teil der Güter nach dem Gürzenich verlegt worden war, war hier nur ein einsamer Wagenknecht tätig, der außer dem Tragen auch das Aus- und Einladen der ankommenden und abgehenden Wagen besorgte und sich hierin an die Stelle der im Mittelalter vorhandenen Karbender gesetzt hatte. Und die Streicher wichen hier bis auf 2 in das zur Tuchhalle umgewandelte Kaufhaus auf dem Malzbüchel, wohin zuvor auch die der Kölnischen Halle übersiedelten [2]. In diesem und später im Gürzenich hatten die Wieger an der Gewürzwage zugleich die Aufgabe, die Gewürze durchzusehen und zu sieben. Erst darnach konnten diese verkauft und gewogen werden [3].

Der Gürzenich entfaltete als Zusammenfassung der beiden älteren Kaufhäuser nicht nur einen bedeutenden vielseitigen Warenhandel, sondern auch eine dementsprechende Arbeitsorganisation.

Die Wagen, die vor den Kaufhäusern ankamen, wurden dort von vereideten Karbendern (Karrenpackern) abgeladen. Diese Arbeiter, die es im Mittelalter auch im Kaufhaus auf dem Alten Markt und dem Malzbüchel [4], sowie im Fischkaufhaus gab, gingen bei jenen auf den Gürzenich über, bei diesem verschmolzen sie in die 16er. Sie luden erst ab, nachdem der Fuhrmann seinen Einfuhrschein gezeigt, und auf, wenn er das Accisezeichen vorgewiesen hatte. Die Karbender des Gürzenichs wählten sich wöchentlich zwei neue Vorsteher [5], von denen die Reihenfolge der anderen in der Arbeit festgesetzt wurde und die mindestens

1) Stein II S. 24 (1355), 414, 598 (1486), 621.

2) S. oben S. 9 und Ratsprotokolle 24, 62.

3) 1407: 2 „Siebknechte", Stein II, S. 203.

4) Hier hielten sich um 1470 diese Arbeiter Karren; der Rat schritt auch hier dagegen zu gunsten der freien Fuhrleute ein (Stein, II S. 506). Sie mußten sich jährlich zweimal den Bürgermeistern vorstellen und zahlten dabei diesen, sowie deren Schreibern und Boten je einen Albus (damals etwa 20 Pf. Metallgehalt). Kuske, Quellen II S. 341 (um 1475).

5) Im 18. Jahrhundert werden sie ausgelost. Ratsedikte 12, 109 (1748).

stets im Kaufhaus anwesend sein mußten, während die übrigen auch beim Ab- und Aufladen in den Lagern der Kaufleute beschäftigt waren. Sie luden dort, — immerfort zugunsten der Accise kontrollierend, — auf für die Ausfuhr.

Im Jahre 1567 stellte die Stadt einen Fuhrknecht an, der den Kaufleuten vom Gürzenich aus zur Verfügung stand und vor die städtische Karre ein eigenes Pferd zu spannen hatte.

Im Gürzenich befand sich, wie bereits gesagt wurde, auch das Ölmaß, das früher zum Kaufhaus auf dem Alten Markt gehörte und vom Ölmesser verwaltet wurde. Er schöpfte das Öl aus den Tonnen um und untersuchte, ob es trüb oder verfälscht war.

Zur Beförderung dieses Gutes aus dem Maß in die Häuser oder in die Schiffe waren 4 Ölschürger vorhanden, von denen einer als „Schürgermeister" (Ölführer), die andern drei als „Knechte" angestellt waren [1]. Er beschaffte auf eigene Rechnung Pferd und Wagen [2] und erhielt dafür 50% des Gesamtlohnes der vier. Als das Maß im Jahre 1791 an den Rhein verlegt wurde, beseitigte man sowohl dieses Schürgeramt, als auch am Rhein die Ölröder [3].

Auch vor der Wollküche luden 12 Karbender (Wollpäcker) die Wolle und andere Güter (s. S. 10) ab und auf; das letztere jedoch nur, nachdem der Kaufmann das Wiegegeld bezahlt hatte; außerdem gingen dabei die Wagen vor, die in Karawanen (mit *convoy*) liefen, eine Transportart, die sich bei der immerhin auch zu Lande be-

---

1) S. hierzu aber oben S. 24, 46, 50.

2) H 390.

3) Im Kaufhaus auf dem Malzbüchel und nach ihm im Gürzenich bestand außerdem auch ein besonderes Hopfenmaß (Kuske, Quellen II S. 331 f. Um 1475), das von einem Hopfenmesser und einem Knecht verwaltet wurde und den Kaufleuten zur Verfügung stand, die den Hopfen nicht auf der Wage im Kaufhaus wiegen lassen wollten (H 553). Dieser Messer war jedoch zugleich Makler und gehörte damit nicht mehr in den Kreis der eigentlichen Arbeiter. Schließlich wurde der Gürzenich noch von einem „Hausknecht" im Innern gepflegt und sauber gehalten!

stehenden Unsicherheit noch während des 18. Jahrhunderts empfahl [1]).

Die Wolle wurde in der Wollküche gewogen und auf ihre Beschaffenheit hin untersucht. Das geschah im Beisein des Küchenmeisters und der Unterkäufer bereits im 14. Jahrhundert durch die 3 Wollwieger [2]). Diese wogen das Gut auch in den Häusern, wohin es nach Feststellung seiner Menge durch die Torschreiber ebenfalls gebracht werden durfte. Die Wieger gingen dann mit der Wage dorthin, um endgültig die Quantitäten aufzunehmen.

Schließlich gab es noch an der erzbischöflichen Fettwage, sowie an der Kornwage, die später in die Mehlwage im ehemaligen Kaufhaus auf dem Malzbüchel und eine zweite am Weyertor überging, einige Wieger (Mehlwieger, Mötter) [3]); doch hier handelte es sich um eine Steuererhebung, die nur das getreideverarbeitende Gewerbe und weniger den Handel traf.

III.

Die sozialen Grundlagen und die Herkunft der Arbeiterschaft.

1. Soziale Mißstände im reichsstädtischen Köln [4]).

Im ganzen beschäftigte die Stadt Köln im späteren Mittelalter über 400 und am Ende der Entwicklung im 18. Jahrhundert über 500 Arbeiter oder arbeiterähn-

---

1) Vgl. auch meinen Aufsatz in Mitteilungen d. Rheinischen Vereins f. Denkmalpflege, Bd. 5 Heft 1 (1911) S. 42.

2) Stein II S. 114, zunächst gab es nur einen. — Einer der 3 hielt die Wage, einer packte die Wolle auf, der dritte nahm sie wieder ab! H 466, Ratsedikte 12, 111.

3) H 349.

4) In diesem und dem folgenden Abschnitt können natürlich die ganze Frage der sozialen Entwicklung der breiteren Kölner Volksmassen und alle Einzelheiten der Bekämpfung der Mißstände nicht erschöpfend behandelt werden. Es kommt nur mehr auf eine kurze Feststellung der in unserem Zusammenhang wichtigsten Tatsachen an.

liche Personen im Dienste der Accise und damit des Handels. Zu diesen kamen noch etwa 150—200, die dabei als Aufsichtsbeamte, Schreiber oder Unterkäufer tätig waren, die uns in dieser Untersuchung aber nicht interessieren. Mit ihren Familien umfaßten allein die Arbeiter 1600—2000 Menschen, wobei sich die hier meist größere Kinderzahl als zwei gegen die den unverheirateten Arbeitern fehlenden Angehörigen aufrechnen mag [1]; sie nahmen also 4—5% der Kölner Bevölkerung ein.

Die wirtschaftliche und soziale Struktur der Stadt mußte also dazu angetan sein, daß sie größere Menschenmengen erübrigte, die weder in dem das Gewerbe fast allein beherrschenden Handwerk, noch im Handel oder in den wenigen freien Berufen unterkommen konnten.

Tatsächlich ist auch für das soziale Leben des reichsstädtischen Köln zunächst charakteristisch, daß es mit einer zahlreichen, sich von Jahrhundert zu Jahrhundert stark vergrößernden proletarischen Bevölkerung belastet war. Bereits im 14. Jahrhundert gab es in der Stadt über 1000 Arme und im Jahre 1403 wurden bereits 1400 gezählt [2]. Im Jahre 1476 beklagt der Rat schon dem Kaiser gegenüber, daß sich innerhalb der Mauern nicht weniger als 3000 fremde und einheimische Proletarier befänden [3]. Für das 16. und 17. Jahrhundert fehlen uns bisher noch nähere Aufschlüsse aus den wenig benützten Quellen. Dagegen fiel den Reisenden

1) Die Zahl der unverheirateten Männer besonders in gewerbetreibenden Kreisen war in Köln wie anderwärts sehr gering, sodaß die obige Schätzung noch zu niedrig sein dürfte. Vgl. hierzu auch die Ausführungen über die Kölner Ehen und Kinderzahlen bei Banck, Bevölkerungszahl der Stadt Köln. Mevissenfestschrift S. 318, 319. Banck berechnet anscheinend sehr zuverlässig die Durchschnittszahl der Kinder auf das Ehepaar mit 2; vgl. hierzu aber auch unten.

2) Stadtarchiv Cop. Heil. Geist 2, 98a, bez. Woikowsky-Biedau, Das Armenwesen des mittelalterlichen Köln. Breslau 1891 S. 44.

3) Briefbuch 31, 54b: . . . van weigen unser burgere ind innewoenre, der nyet under 3000 ein deil ellendige personen, witteben ind weysen synt . . . Selbst wenn die Stadt in dem vorliegenden Falle den Kaiser mit starken Angaben rühren wollte, dürfte doch ein gewaltiger Teil der Einwohner tatsächlich arm gewesen sein.

des 18. Jahrhunderts, die Köln aufsuchten, dort die große Zahl von Bettlern auf, und um 1790 sollen 20 000 von den 50 000 Einwohnern Arme gewesen sein [1]).

Ein großer Teil dieser Bevölkerung stammte allerdings von auswärts. Die günstige geographische Lage der Stadt an der Kreuzung von fast allen großen Straßen Westdeutschlands mußte schon die Zuwanderung von viel fahrendem und wanderlustigem Volke in hohem Grade anregen, und schon im Mittelalter sehen wir den Rat fortgesetzt bemüht, lästige fremde Elemente wieder abzuschieben. Eine besondere Anziehungskraft übten dazu die zahlreichen Kirchen mit ihren berühmten Heiligtümern und Reliquien aus, die viele Wallfahrer in die Stadt riefen [2]). Andere zogen nach anderen Orten, und zwar in großen Scharen besonders alle 7 Jahre auf der sog. Heiltumsfahrt nach Aachen, durch Köln hindurch und kamen dazu sogar aus östlichen Ländern, wie z. B. aus Ungarn, her [3]).

Eine große Zahl dieser Leute mag dabei in Köln „hängen" geblieben sein, besonders da sie feststellen konnten, daß von den vielen Klöstern der Stadt eine weitgehende Wohltätigkeit geübt wurde und daß es sich an den Portalen der viel besuchten Kirchen mit gutem Erfolg betteln ließ. Der Bettel war ja in Köln sogar genossenschaftlich organisiert [4]). Es ist überhaupt nicht zu leugnen, daß die damalige große Werktätigkeit der kirchlichen Anstalten und der in geordneten Verhältnissen lebenden frommen Bürger auf weite Bevölkerungskreise einschläfernd wirkte, ihnen die

1) G. Forster, Ansichten vom Niederrhein usw. Berlin 1791. Bd. I.

2) Amtlich werden im Jahre 1583 8 Stifts-, 19 Pfarrkirchen, 38 Klöster, 30 kleine Kirchen und Kapellen und 55—60 Konvente festgestellt. R. Banck, Die Bevölkerungszahl der Stadt Köln in der 2. Hälfte des 16. Jahrhunderts. (Mevissenfestschrift 1895 S. 328 f.) Die Zahl der geistlichen Personen aller Art betrug nach Bancks Schätzung 1600; sie vergrößerte sich bis zum Ende des 18. Jahrhunderts, wie die von der französischen Verwaltung veranstaltete Volkszählung beweist, auf 1900; ebd.

3) Höhlbaum, Buch Weinsberg, 1. Bd. I, S. 38 f. 2—3000 Ungarn, Böhmen und andere „Österreicher" ziehen um 1530 durch Köln nach Aachen durch.

4) Woikowsky-Biedau a. a. O. S. 49.

eigene wirtschaftliche Initiative nahm und sie veranlaßte, sich nur auf sie zu verlassen [1]).

Ein Beweis teils für die unverschuldete Armut, teils für das Bestreben, lieber anderen seine wirtschaftlichen Sorgen aufzubürden als sich selbst, waren auch die schon im Mittelalter sehr häufigen Kindesaussetzungen auf der Straße und in den Kirchen [2]). Die Findlinge machten der Stadt nicht geringe Beschwerden und verursachten bereits im 15. Jahrhundert die Gründung eines städtischen Findelhauses [3]). Namentlich in Kriegszeiten, wie z. B. während des 30jährigen Krieges, arteten sie zu einer Kalamität aus, gegen die sich die Stadt durch laute Verordnungen wehren mußte [4]). Die Kriege, die am Rhein vom 16.—18. Jahrhundert geführt wurden, brachten außerdem stets einen erneuten starken Andrang von fremden Elementen, die in die sicheren Mauern der Stadt flüchteten [5]).

Die Ursachen für diesen großen Menschenüberschuß sind vor allen Dingen auch in den sozialen und wirtschaftlichen Verhältnissen der Zeit im allgemeinen, sowie in der Stadt im besonderen zu suchen und in der hier herrschenden Wirtschaftsverfassung. Die Menschenzahlen wuchsen mehr, als die Kultur zunahm. Das bedeutet: der Bedarf an äußeren Gütern differenzierte sich zu langsam und vermehrte sich auch der Menge nach relativ zu wenig, als daß er verstärkte und

---

1) G. Forster behauptet, daß diese Elemente es der Kirche noch in den 80er Jahren des 18. Jahrhunderts damit vergolten hätten, ihren Protest gegen die Zulassung der Evangelischen mit Gewaltmitteln zu unterstützen; a. a. O.

2) Die vielen Domfindlinge waren Gegenstand besonderer Stiftungen! S. auch unten Kap. IV, 2.

3) Stein II, 385, 556: Es stand unter der Leitung einer „Mutter".

4) Die Kinder *„nackend und blosz, bey nacht und unzeiten in kirchen und offenen straszen den hunden und anderen unvernunftigen thieren, wan es nit der gütig gott verhueten thete, gleichsamb zur speisz und raub exponiert und vorgelegt"*. Ratsedikte 24, 95 (1639).

5) Banck a. a. O. S. 305 f. Vgl. J. Greving, Wohnungs- und Besitzverhältnisse im Kölner Kirchspiel St. Kolumba. (Annalen des Hist. Vereins f. d. Niederrhein, Bd. 78, 1904.) S. 34: Um 1570 wurde die Zahl der vor Alba nach Köln geflüchteten Niederländer auf 1000 geschätzt.

neue Produktionen hätte hervorrufen können, durch die das Menschenplus beschäftigt und ernährt werden konnte. Erst mit dem Aufkommen neuer Bedarfsformen im 17. Jahrhundert und besonders seit dem Eindringen der Rokokokultur wurde das etwas anders, und tatsächlich öffneten sich hier auch in Köln einige Auswege (s. unten). Aber die Stadt profitierte doch verhältnismäßig wenig hiervon für ihre Industrie- und Handelsentwicklung. Zum Teil verscherzte sie sich diese selbst dadurch, daß sie auf Veranlassung der herrschenden Zünfte die kapitalistische Durchdringung der alten Gewerbe verhinderte und damit den Übergang zur Massenproduktion, die viele Menschen hätte beschäftigen können. Die neuen kapitalistischen Wirtschaftsprinzipien wurden meist von fremden Einwanderern aus dem fortgeschritteneren Westeuropa verbreitet, und zwar besonders von vertriebenen Protestanten. Ihr Bekenntnis bot denn auch den einflußreichen zünftlerischen Elementen im Stadtregiment zu Köln einen willkommenen Vorwand, sich dieses neue Unternehmertum fernzuhalten und aus der Stadt zu vertreiben, sobald es anfing, nach der neuen Weise zu wirtschaften und etwa die erwerbslosen Massen an sich zu ziehen, anzulernen und in Heimarbeiter umzuwandeln [1]).

Auf der anderen Seite aber waren die industriellen Möglichkeiten für die Stadt gering, nicht nur aus den schon erörterten Gründen, sondern auch deshalb, weil sie ein selbständiger Staat war, und was noch besonders hemmend ins Gewicht fiel, ohne ein grösseres Gebiet. Ihr Hoheitsbereich beschränkte sich auf das von der Mauer umschlossene Land, und der schmale Landstreifen auf deren Außenseite, der noch zu Köln gehörte, war nur deren Glacis und wies nicht einmal Dörfer auf. Die Industrie hätte nur in der städtischen Bevölkerung selbst einen unbeschränkten Absatz gefunden, dessen Förderung der Rat wirtschaftspolitisch völlig

1) Über diese Politik in Köln s. besonders Leo Schwering, Die Auswanderung protestantischer Kaufleute aus Köln: Westdeutsche Zeitschrift Bd. XXVI (1907). — G. Witzel, Gewerbegeschichtliche Studien zur niederländischen Einwanderung in Deutschland im 16. Jahrhundert. ebd. Bd. XXIX (1910) bes. S. 419 ff. — H. Thimme, Der Handel Kölns am Ende des 16. Jahrhunderts, ebd. Bd. XXXI (1912) S. 466 f.

in der Hand hatte. Nach außen hin aber stieß er auf die Ausfuhr- und Einfuhrverbote oder mindestens die außerordentlich hohen Fabrikatzölle der Nachbarstaaten, die ein Charakteristikum der neuen Handelspolitik des Merkantilzeitalters waren.

Die Ausfuhrverbote oder mindestens die starken Ausfuhrerschwerungen der Nachbarstaaten erstreckten sich zum Teil auf Rohstoffe, die gerade mit für die wichtigsten Kölner Gewerbe die unentbehrliche Grundlage lieferten, wie auf Häute oder zu ungunsten der früher blühenden Kölner Hutmacherei auf Haare und Felle [1] [2]. Die Einfuhrerschwerungen waren ebenfalls dazu angetan, gerade wieder spezifisch kölnische Gewerbe zu treffen, sie ihres Absatzes nach außen zu berauben oder mindestens die Stadt zu verhindern, neue Formen zu entwickeln. Es ist selbstverständlich, daß es ihr nicht möglich war, nach der Weise der Wirtschaftspolitik der anderen Staaten jener Zeit ihre im Mittelalter blühende Wollindustrie zu beleben, wenn ihre Nachbarn nicht nur die Wolle ihrer Landwirte nicht aus dem Lande ließen, sondern auch fremde Wollwaren von der Einfuhr ausschlossen oder mindestens zu hohe Zölle davon erhoben, wie das Kurköln, Jülich-Berg und Kleve-Mark zugleich

---

1) Ausfuhrverbot auf Häute: Kurköln 1774: Scotti, Sammlung der Gesetze und Verordnungen von Kurköln I, 2 s. S. 962: ausdrücklich auch gegen die Stadt Köln. Starke Erschwerungen in Kleve-Mark 1704: Scotti, Kleve-Mark II S, 731, dgl. im Jahre 1763 und 1770 ebd. III S. 1544. — Material für Hüte ebd. III. S. 2055. Wollausfuhrverbote: in Kurköln 1774: Scotti I, 2 S. 962. In Kleve-Mark 1715: a. a. O. Kleve-Mark II S. 868 f. Die Häuteausfuhrverbote der Nachbarländer dürften es sehr mit erklären helfen, warum die Kölner Gerberei sich bereits im 18. Jahrhundert mit amerikanischen Häuten zu versorgen suchte! Der Zug ins Weltwirtschaftliche, der durch die allgemeinen Fabrikateinfuhrverbote der Staaten Europas in den Absatz der Fabrikate kam, übertrug sich infolge der allgemeinen Rohstoffausfuhrverbote auch auf die Versorgung mit Rohstoffen: Nach beiden Seiten hin suchte man Ersatz in und aus fremden Erdteilen.

2) Kurköln verbietet sogar die Brennholzausfuhr nach der Stadt Köln 1746, 1750. Scotti, Kurköln I, 2 S. 753.

taten [1]. Es mußte ferner auf die entsprechenden Gewerbe sehr schädlich wirken, wenn z. B. Kurköln und Kleve-Mark, vermutlich aber auch Jülich-Berg die Einfuhr oder, was dasselbe ist, die Verwendung fremden Leders verboten [2]. Dabei wandte sich die zuerst genannte Regierung ausdrücklich gegen das Fabrikat der Reichsstädte Köln und Aachen. Das gleiche tat sie gegenüber Kölner Fässern, den Erzeugnissen eines anderen, für Köln infolge seines umfangreichen Weinhandels charakteristischen und dort bedeutenden Gewerbes. Sie schloß ferner fortgesetzt auch die Arbeit stadtkölnischer Bauhandwerker im Erzstift aus, ebenso die Kaufleute und Krämer der Stadt vom Handel auf dessen Gebiet [3].

Die früher ebenfalls bedeutend und vielseitig entwickelten Kölner Eisengewerbe mußten natürlich darunter leiden, wenn z. B. Jülich-Berg und Kleve-Mark teilweise schon im 17. Jahrhundert scharfe Einfuhrverbote gegen fremde Eisenwaren unterhielten [4].

Allgemein waren auch Einfuhrverbote und hohe Durchfuhrzölle gegen Seife oder Hüte und Ausfuhrverbote auf Lumpen, durch die es der Stadt unmöglich gemacht wurde, neue Industrien, in denen das Merkantilzeitalter die anderen deutschen Staaten vom Ausland zum Teil mit Erfolg unabhängig zu machen suchte, auch in ihren Mauern zu entwickeln [5]. Ihre junge Tabakindustrie wurde teilweise auch durch die Einfuhrverbote schwer getroffen, die gegen sie seit 1738 von Jülich-Berg verhängt wurden [6]. Die Quellen der rheinischen Landesarchive dürften sicher diese Beispiele noch weiter vermehren.

Mit dieser Politik gingen die jungen modernen Landesstaaten bewußt darauf aus, ihre wirtschaftlichen Kräfte

1) Scotti, Kurköln I, 1 S. 688. 1001. — Jülich u. Berg I, S. 565 f. — Kleve - Mark II, S. 930. 942. 951. 953. 968 usw.

2) Scotti, Kurköln I, 2 S. 960 (1774); — Kleve - Mark s. Anm. 1.

3) a. a. O., Kurköln I, 1 S. 697. I, 2 S. 960.

4) a. a. O., Julich u. Berg I S. 249. 277. — Kleve - Mark I S. 436 (1666). 671.

5) a. a. O. Kleve - Mark I S. 552 f. (1677). — Kurköln I, 2 S. 909. — Jülich - Berg I S. 374.

6) a. a. O. Jülich, Berg I S. 357.

zu entfesseln. Sie suchten die Bevölkerung im Lande zu halten, vor dem Bettel zu bewahren und als leistungsfähige Steuerquelle zu entwickeln dadurch, daß sie ihnen die Gelegenheit zu neuer industrieller Arbeit, sei es als Heim- oder auch schon als Fabrikarbeiter, verschafften. Es ist klar, daß nun die alten Reichsstädte in eine schwierige Lage gerieten, falls sie ebenfalls zur Industrie übergehen oder auch nur ihr Handwerk blühend erhalten wollten. Sie galten bei ihren Nachbarn als „Ausland" und konnten nicht nach ihnen hin exportieren. Sie wurden zwischen deren wirtschaftspolitischen Maßnahmen vereinzelt und wirtschaftlich gleichsam erwürgt [1]. So erklären sich die allgemeine Notlage und die Stagnation fast aller Reichsstädte gerade in dem Wirtschaftszweig, der früher ihre Eigentümlichkeit war, im Gewerbe, nicht nur durch innere Zustände, sondern auch von außen her. R e i c h s s t a d t z u s e i n, w a r n u n n i c h t m e h r w i e i m M i t t e l a l t e r e i n e g r o ß e E r l e i c h t e r u n g u n d e i n T r i u m p h f ü r d i e S t ä d t e, s o n d e r n g e r a d e z u e i n V e r h ä n g n i s! Und so kam es, daß die Reichsstädte wirtschaftlich und auch sozial von den Landstädten der Territorialstaaten überholt wurden, die zu großen einheitlichen Wirtschaftsgebieten gehörten und dort von den größeren Gesichtspunkten des modernen Staates aus wirtschafts- und sozialpolitisch regiert wurden, des Staates, der namentlich über die engherzige örtliche Gewalt der Zünfte hinweggriff und dem Schwung des fremden und einheimischen Unternehmertums freiere Bahn schuf.

Der Stadt Köln blieb seit dem 16. Jahrhundert demgegenüber nichts übrig, als zu versuchen, sich besonders als Handelsstadt zu halten und hierauf mehr als je ihre wirtschaftliche Entwicklung zu begründen, und so erklärt es sich ja auch, daß sie eifriger als je auf die allseitige Ausbildung und Behauptung ihres S t a p e l s bedacht war, der ihrem Gewerbe übrigens mit seinem E i n f u h r z w a n g auf Rohstoffe die Ausfuhrverbote der Landesstaaten ersetzen mußte.

---

1) Eine Ausnahme machten allenfalls die an der K ü s t e liegenden Reichsstädte, die einen Ausweg seewärts hatten, und sich so nicht zufällig gerade dort bis auf den heutigen Tag als selbständige Staaten halten konnten.

Aber auch das Handwerk konnte oder wollte nicht den vorhandenen Überfluß an Menschen aufnehmen. Man darf den sog. „goldenen Boden" des Handwerks selbst in der größten Stadt des alten Deutschland nicht überschätzen, und seine oft gepriesene „große Blüte" und sein angeblicher „Reichtum" sind nur als verhältnismäßig oder überhaupt nicht als vorhanden anzunehmen [1]). Was es mit dem „goldenen Boden" in Köln auf sich hatte, geht schon im 14. und zu Anfang des 15. Jahrhunderts (1373 und 1417), also in der angeblichen Blütezeit des Handwerks, daraus hervor, daß zwei Drittel bis drei Viertel aller Handwerker in Köln außer stande waren, eine Kopfsteuer von einem Goldgulden zu bezahlen [2]) und daß sie das ausdrücklich beschwören konnten [3]) [4]).

Für das spätere 16. Jahrhundert gehen aus der Steuerliste der Pfarre St. Columba, der volkreichsten der inneren Stadt, ganz ähnliche Zustände hervor [5]). Als die Stadt im Jahre 1590 eine Steuer vom beweglichen Vermögen erhob, mußten in der Pfarre von 716 Steuerpflichtigen 496 steuerfrei gelassen werden. Von 368 der letzteren wird der Beruf überliefert. Unter diesen befanden sich 71 Berufe, deren 168 Angehörige alle befreit wurden. Darunter waren 40 verschiedene Handwerke vertreten, von denen nur das der

---

1) Vgl. hierzu auch W. Sombarts genügende Argumente in seinem Modernen Kapitalismus Bd. I (Berlin 1902). — Vgl. K. Büchers Ausführungen über die Handwerker des 17. und 18. Jahrhunderts in der Entstehung der Volkswirtschaft, Kap. V, die m. E. ebenso schon für frühere Jahrhunderte gelten können.

2) = etwa 9 Reichsmark Metallgehalt; selbst wenn wir eine zehnfache Kaufkraft des Geldes annehmen, ergibt sich eine für einen Bürger, der doch angeblich gut situiert ist und namentlich seiner Vaterstadt in kritischer Zeit, wie es hier der Fall war, beistehen soll, immerhin erschwingliche Summe.

3) v. Loesch, Zunfturkunden S. 30*.

4) Mittelalterliche Eide darf man allerdings bei der allgemeinen Häufigkeit des Schwörens nicht allzu hoch bewerten. Im Kölner Handel lassen sich z. B. oft Meineide nachweisen, wenn damit wirtschaftliche Zwecke erreicht werden konnten.

5) J. Greving, Wohnungs- und Besitzverhältnisse der einzelnen Bevölkerungsklassen im Kölner Kirchspiel St. Kolumba; (Annalen f. d. Gesch. d. Niederrheins Bd. 78. 1904.) bes. S. 77.

Steinmetzen, Zimmerleute, Dachdecker, Schmiede, Schlosser, Leinenweber, Drechsler, Fleischhauer, Töpfer, Wagner, Kesselschmiede, Barbiere, Kuchenbäcker, Färber und Posamentenmacher hervorgehoben sei. Von 43 Schneidern waren 30, von 13 Schuhmachern 11, von 44 Harnischmachern 38, von 52 Messerschmieden und Schwertfegern 51 frei, von 12 Brauern wenigstens 5, von 13 Bäckern 6, von 12 Böttchern 5. Auch in den noch übrigen Handwerken betrug der Anteil der Freien an der Gesamtzahl oft mehr als die Hälfte. Weitaus die größte Zahl besaß auch kein Haus, sondern wohnte zur Miete. Dabei handelte es sich hier um den bevölkertsten, mit am besten gelegenen Stadtteil und somit auch um einen solchen mit hohen Bodenpreisen und teuren Mieten. Es dürfte daher nicht zu unvorsichtig sein, wenn man die Vermutung ausspricht, daß eine Bearbeitung der auch von zahlreichen anderen Kirchspielen im Kölner Stadtarchiv vorhandenen Steuerlisten, die leider ebenso wie eine umfassende Gesamtuntersuchung über die soziale Entwicklung des alten Köln noch nicht durchgeführt werden konnte, mindestens ein ähnliches Bild ergibt, und zwar zumal in den schon im Mittelalter armen Stadtvierteln südlich des Neumarktes [1]. Es ist ferner sicher, daß sich die Lage der Kölner Handwerker seit dem 16. Jahrhundert noch verschlechterte [2].

Wenn die Kölner Handwerker im Mittelalter wohlhabend und sogar reich wurden, so beruhte das nicht auf ihrer Tätigkeit in

1) Keussen, Topographie I S. 15*.

2) Im Jahre 1452 stiftete der Kölner Bürger Haich ein größeres Kapital zur Aussteuer armer Bürgertöchter für den Eintritt in die Ehe oder ins Kloster (s. Keussen, Westdeutsche Zeitschr. Bd. IX S. 352. — Vgl. Urkunde 12 425b). Obgleich bei der Vergebung dieser Unterstützungen wohl mancher, der es eigentlich nicht verdiente, bedacht wurde, zeigen doch die Quittungen, daß meist Handwerker als bedürftig galten, Töchter von Bäckern, Glasern, Steinmetzen, Lederreidern, Wappenstickern, Zimmerleuten, Kürschnern, Tuchscherern, Tuchmachern, Schiffsbauern, Goldschmieden, Gürtlern, Barbieren, Pfannenschmieden, Bohrer- und Scheidenmachern, Fleischern, Schuhmachern, Drechslern, Kistenmachern, Sattlern, Schiffern und anderen! Vgl. zahlreiche Urkunden im Haupturkundenarchiv des Kölner Stadtarchivs.

der Werkstatt, sondern darauf, daß sie beim Absatz ihrer kleinen gewerblichen Überschüsse auf den auswärtigen Märkten in den allgemeinen Waren- und Geldhandel hineinwuchsen, auf diesen das Schwergewicht ihrer Arbeit verlegten und nur nebenher noch ihre gewerblichen Betriebe beibehielten [1]). Das Streben des unternehmenderen Kölner Handwerkers der älteren Zeit mußte in dieser Richtung gehen, wenn er sich wirtschaftlich und sozial heben wollte, ähnlich wie ja auch das stille wirtschaftliche Ziel des modernen Handwerkers schließlich nicht auf die Konservierung seines Betriebes in handwerklichen, sondern auf seine Hinüberführung in fabrikmäßige große Formen gerichtet ist, — trotz aller Beteiligung an Handwerker- und Mittelstandsbewegungen! Als daher der Kölner Handel seit der Befreiung der Niederlande zu Ende des 16. Jahrhunderts und seit den großen allgemeinen wirtschaftlichen Verschiebungen in Europa zu stocken begann und mindestens relativ stark von seiner Bedeutung verlor, wurde zugleich den Kölner Handwerkern jener Ausweg genommen, und sie wurden gezwungen, sich auf ihr Gewerbe und auf die Stadt zu beschränken, was für sie gleichbedeutend mit wirtschaftlicher und sozialer Einengung war. Diese wurde noch verschärft, da, wie gesagt, die benachbarten und ferner gelegenen Staaten nun auch ihren Fabrikaten die Einfuhr verwehrten, die bis zum 16. Jahrhundert ungehindert zu ihnen hinaus gegangen waren.

Daher war es mindestens begreiflich, daß Köln die feindlichen Maßnahmen der Nachbarstaaten durch Einfuhrverbote gegen deren Fabrikate beantwortete, um sein Gewerbe zu retten, was um so nötiger war, als jene anfingen, auf kapitalistischer Grundlage und damit massenhafter und billiger zu

1) Diese Frage werde ich an anderer Stelle ausführlich behandeln. Der Mitwirkung der Grundrente bei der Entwicklung des Kapitals, über die man sich ja, nachdem Sombart seine bekannte Theorie entwickelte, dabei immer ausdrücklich zu äußern hat, messe ich für die letzten Jahrhunderte des Mittelalters in Köln keine ausschlaggebende Bedeutung zu. — Die Ausfuhr von Handwerkserzeugnissen läßt sich in Köln im Mittelalter sehr häufig belegen! S. v. Loesch, Zunfturkunden; — Kuske, Quellen.

produzieren. Es war ferner mindestens verständlich, daß nun die Zünfte die Bestrebungen, den Mitgliedern das Monopol ihres Gewerbezweiges zu sichern, seit dem Ende des Mittelalters verschärften und sich mehr und mehr durch Beschränkung auf eine bestimmte Meisterzahl schlossen. Das hatte naturgemäß zur Folge, daß eine große Anzahl von Gesellen überhaupt nicht Meister werden konnte und daß überhaupt weite Kreise der städtischen Bevölkerung von gewerblicher Arbeit ausgeschlossen wurden. Das wurde noch dadurch begünstigt, daß die Zünfte hohe, für ärmere Kreise unerschwingliche Eintritts- und Lehrgelder und für den Übertritt in den Gesellen- und Meistergrad sehr kostspielige und schwierige Leistungen forderten und was solche bekannten Zeichen der „Verknöcherung des Zunftsystems" mehr sind. Der Ausschluß zahlreicher Bevölkerungsteile vom Gewerbe wurde auch in Köln durch die Unehrlichkeitserklärung gewisser Gewerbe und sozialer Elemente verstärkt. Schon im Mittelalter waren ihr Leineweber, Müller, Bader, Blutlasser, Schäfer, Spielleute und Zöllner verfallen, sowie unfrei Geborene und verfehmte Leute und Slaven („Wenden") [1]. Das bedeutete natürlich auch für deren Nachkommenschaft die Unfähigkeit, sich mindestens in anderen Handwerken betätigen zu können.

Alle diese Menschen, diese aussichtslosen Handwerksgesellen, die Kinder der „Unehrlichen" und die Ungelernten der ärmeren „ehrlichen" Schichten traten somit ins Proletariat ein und verstärkten, soweit sie nicht sonst einen Ausweg fanden, die Schar der Bettler und der Almosenempfänger.

Aber auch die Kölner Handwerksmeister verfielen oft genug aus mannigfachen Gründen selbst diesem Schicksal. Besonders seit dem Ende des 16. Jahrhunderts, als ihnen mehr und mehr der Aufstieg in den Kaufmannsstand und zugleich auch der Absatz nach außen abgeschnitten wurde, waren sie gezwungen, sich fast nur auf die Arbeit für den Bedarf ihrer Mitbürger zurückzuziehen, was natürlich die Einzelnen schwächen mußte. Aber

1) v. Loesch meint, daß nur Spielleute, Leineweber und Barbiere in Köln unehrlich waren; Zunfturkunden I S. 29*; vgl. aber z. B. Stadtarchiv, Briefbuch 34/35, 205 (1485), dgl. 36, 205b f. und 37, 182b.

auch schon im Mittelalter waren besonders die weniger leistungsfähigen und unternehmenden von ihnen den sozialen Gefahren ihrer Betriebsweise in großem Umfange ausgesetzt. Gerade diese, die keinen Ausweg nach oben zu finden wußten, mußten auch am meisten von den Wirkungen der Zunftorganisation betroffen werden. Die Zunft, die den Genossen zwar ein Monopol sicherte, ging jedoch zugleich mit ihren reichlich bekannten Mitteln darauf aus, die Genossen untereinander gleich und damit durchschnittlich klein zu halten. Dadurch wurde der einzelne gehemmt, wirtschaftlich wenigstens im Rahmen seiner Produktion zu erstarken und hier größere Betriebe zu entwickeln. Er wurde damit auch gegen wirtschaftliche und allgemeinmenschliche Unglücksfälle weniger widerstandsfähig gemacht, was seit dem Ende des 16. Jahrhunderts für ihn noch gefährlicher als früher war.

Daher konnte er durch bestimmte Ereignisse, die ein anderer leicht überwand, rasch aus dem Gleise und hinunter ins Proletariat gedrängt werden. In den Tausenden von Gesuchen, die um Hilfe und womöglich um Anstellung von den Handwerkern an den Rat gerichtet wurden [1]), kehren immerfort die Klagen wieder, daß sie infolge eigener oder der Krankheit der Frau verschuldet und dann durch ihre Gläubiger sogar aus den Werkstätten verdrängt worden seien. Viele waren außer stande, ihre besonders im 18. Jahrhundert sehr zahlreichen Kinder mit dem Handwerk zu ernähren; waren doch 5 Kinder beinahe das Normale und 10—12 auffallend häufig [2]).

Viele wurden außer durch eigene Schulden auch durch die „Bankerotte" und die latente Zahlungsunfähigkeit ihrer Kunden so geschädigt, daß ihnen das Betriebskapital ausging und sie ihr Gewerbe aufgeben mußten. Das Borgsystem, unter dem das moderne Handwerk so außerordentlich leidet, war in Köln längst schon in früheren Jahrhunderten hoch entwickelt und besonders auch schon in Gewerben, für die es heute noch eigentümlich ist, wie z. B. bei den Bäckern. Bereits im Jahre 1397 verordnete hier die Zunft unter Strafandrohungen, daß kein Bäcker einem Kunden, der einem Mitmeister Geld für Brot schuldet, liefern darf,

1) Vgl. Abteilung H und Supplikationen.
2) ebd.

sobald dieser es seinen Genossen bekannt gegeben hat [1]). Im 18. Jahrhundert sind die Klagen gerade dieser Handwerker über die Folgen des Borgens allgemein [2]).

Sehr häufig war ferner auch die Verarmung der Handwerker infolge Bürgschaft. Das lag daran, daß in früheren Jahrhunderten der Personalkredit überhaupt noch wenig entwickelt war und mindestens durch sie gestützt werden mußte. Es entstand so ein vielseitiges System von gegenseitigen Bürgschaftshilfeleistungen, in welchem häufig genug eine Reihe von Stützen zusammenbrach [3]).

Manche wichtige Gewerbe, wie z. B. das der Bäcker, waren nicht geschlossen, vermutlich weil der Rat hier die Versorgung der Stadt besser sichern wollte, wie er überhaupt in den Nahrungsmittelgewerben den Zünften schon im Mittelalter weniger eigenen Spielraum gelassen hatte. Diese erwiesen sich allmählich als übersetzt. Im Jahre 1771 z. B. wurden in der Stadt 174 Bäcker gezählt, obwohl noch viele Bürger selbst buken und nicht weniger als 537 Häuser außer den Bäckereien mit ordentlichen Backöfen versehen waren [4]). Bei den Brauern, die schon Ende des Mittelalters 65 Betriebe ohne die Hausbrauereien zählten und Ende des 18. Jahrhunderts über 100, war es ähnlich [5]). (Über die Brenner s. unten.) Es war daher nicht verwunderlich, daß gerade aus diesen Gewerben die meisten Beschwerden erhoben wurden und der größte Andrang zu erledigten Stellen herrschte, über welche die Stadt verfügte. Neben ihnen traten auffallend häufig auch die Schiffer auf; hier handelte es sich um Meister, die ihr Schiff verloren hatten, was in früheren Zeiten,

---

1) v. Loesch I S. 26.

2) *Weil aber der borg hiebey* — nämlich in der Bäckerei — *gar zu stark*, sodaß er kein Mehl kaufen kann, will ein Bäcker 14er werden; (1767) so heißt es oft. — Zum Teil förderte der Rat das Borgsystem der Bäcker dadurch, daß er sie anhielt, Brot auch auf Kredit zu geben.

3) Besonders auch im Kölner Handel des Mittelalters wimmelt es von Bürgschaftsleistungen.

4) W. Tuckermann, Zur Geschichte des älteren Kölner Bäckergewerbes S. 8. 24. — Das ist auf allerhöchstens 50000 Einwohner; heute hat Köln bei einer elffachen Bevölkerung und obwohl die Hausbäckerei für Brot und Brötchen verschwunden ist, nur knapp 1000 Bäckereien (1912), dazu allerdings 15 mehr oder weniger große Brotfabriken.

5) v. Loesch I S. 214 (1494). — Vgl. Zunftabteilung.

da der Strom noch nicht reguliert war, häufiger als heute vorkam, und die nicht Kapital genug besaßen, sich ein neues anzuschaffen.

Im allgemeinen scheint die Notlage im Kölner Handwerk während des von Kriegen durchschütterten und zugleich aber in großem Umfange zu einer stark wettbewerbenden hausindustriellen Produktion übergehenden 18. Jahrhunderts am größten gewesen zu sein. Und die allgemeine damalige Klage der Meister über die *nahrlosen, geldklemmigen, betrübten, miserablen* Zeiten [1]) wird durch die oben

1) Sachlich und auch der Form nach typisch ist z. B. das Gesuch eines Kürschners aus dem Jahre 1730. (H 356):

Gnädige groszgebietende herren etc.

Dass bey jetzige betrangt- und nahrloszen zeiten viele hiesige dero mitburgere aus schier allen handwercker- und professionen unerachtet von selbigen angewenden mögligsten fleiszes und mühe in gäntzlichen rückstand und unvermögenheit gerathen, ist Euer Gnaden leider mehr als bekent und kan solches klägliches exempel an mir unterschriebenen dero treuwgehorsambsten mitburgeren (: gott seys geklagt :) ahngewiesen werden; dan ohnerachtet ich bey die achtzehn jahren bey der buntwerckerprofession tag und nacht nichts unterlassen, sonderen allen menschmöglichen fleisz ahngewendet, für meine frauw und sieben lebendige kinder das liebe broth zu gewinnen, auch mich, ohn üppigen ruhm zu melden, in der nachbarschaft und sonsten solcher gestalt betragen und aufgeführet, dasz mit warheit mir nichts verkleinerlich- oder verschwenderisches wird aufgebracht werden können, ich darnach zu diesem meinem endzweck biszhero nicht gelangen können, sonderen es dorthin gelanget, dasz länger nicht sehe, wie dieszen meinen annoch all unmündigen sieben kleinen kinderen das unentberliche liebe brodt werde anschaffen können. Indeme nun in erfahrung bringe, dasz Euer Gnaden eine brodtwiegersstelle zu conferiren vorhabens sein sollen, als tringet mich die höchste noth, meine wenige person solchenfals unterthänig fuszfällig zu recommendiren, unterthänig flehentlichst bittent, solche etwa erledigende stelle mir in hohen gnaden zu conferiren. Ich ermangele nicht allein als der lateinisch- und französischen sprach erfahren, hiebey jederzeit meine schuldige devoir zu erweiszen, sonderen werde auch lebenslenglichen nicht ablaszen, diesze hohe gnadt mit meinen kleinen kinderen zu Euer Gnaden zeitlich- und ewiger wohlfahrt bey dem allerhöchsten möglichst zu demeriren

darüber Euer Gnaden
unterthäniger mitburger
Caspar Simons.

Hier handelt es sich also um einen Bittsteller, der einem wohlhabenderen und gehobeneren Gewerbe angehörte, der sogar fremde erwähnten Mitteilungen Forsters über die Zahl der Kölner Bettler reichlich genug illustriert.

2. Auswege.

Es wurde bereits hervorgehoben, daß sich im Mittelalter und auch später die Kirche der großen Schar der Armen, die in der Stadt aus diesen mannigfachen Gründen entstanden, annahm und die soziale Frage auf ihre Weise durch Wohltätigkeit zu lösen suchte. Auch die Stadt, die bereits im Mittelalter wenigstens Findel- und Krankenhäuser und im Jahre 1602 ein Waisenhaus eingerichtet hatte [1]), versuchte sich seit den 30er Jahren des 17. Jahrhunderts darin und zwar, indem sie alle gesunden Armen zwangsweise der Arbeit zuführte. Eine erste dahingehende Organisation wurde von ihr im Jahre 1636, also mitten im 30jährigen Kriege, gegründet. Das geschah auf Veranlassung und nach dem Plane des Pfarrers Dr. Johann Diethmaring zu St. Johann Evangelista in Curia und des Paters Boysz, denen kurz zuvor die Verwaltung des Bettels übertragen worden war. Diese schlugen vor, vermutlich auch angeregt durch Schlägereien zwischen armen bettelnden Studenten und „starken Bettlern", die letzteren von der Straße zu entfernen und zur Arbeit anzuhalten. Es wurde zu dem Zweck mit städtischen Mitteln und durch Geldsammlungen in der Bürgerschaft das sog. Werkhaus St. Salvatoris auf der Friesenstraße gegründet, das freilich nur als Almosenauskunftsstelle für männliche Bettler zustande kam und nur arme Frauen und Mädchen von dem Alter an, *da sie selbsten mit aus- und anziehen sich helfen können*, zwangsweise zum Spinnen anhielt und zu dem Zwecke einer Aufseherin unterstellt wurde [2]). Später wurde es überhaupt in ein Erzie-

Sprachen erlernte und vermutlich auch das Gesuch selbst verfaßte und schrieb. Sonst sind die vielen Supplikationen, die aus zum Teil ähnlichen Gründen an den Rat gingen, meist wohl von berufsmäßigen Schreibern oder von Schulmeistern für die Nachsuchenden ausgefertigt worden, die dann mit meist sehr ungelenken Händen nur ihre Namen unterzeichnet haben.

1) E. v. Groote, Das Waisenhaus zu Köln am Rhein. Köln 1835. S. 11 f.

2) Es handelt sich hier demnach um eine frühere derartige Gründung, als sie bisher für Süddeutschland nachgewiesen wurden; vgl. T.

hungshaus für arme weibliche Kinder umgewandelt und schließlich im Jahre 1651 völlig aufgelöst [1]. Im Jahre 1697 nahm die Stadt derartige Versuche neu auf. Sie gründete das Armenhaus auf dem Holzmarkt, in dem die Bettler, und zwar nach Verständigung mit dem Rektor der Universität auch die welschen Bettelstudenten, zwangsweise untergebracht wurden oder die Stadt verlassen mußten. Den Bürgern wurde überhaupt verboten, Almosen zu geben. Sie wurden mindestens angehalten, diese dem Armenhaus zuzuweisen. Dieses aber wurde teils als Bombasinweberei, teils als Wollwarenfabrik betrieben. Eine Reihe von Insassen mußte Handmühlen drehen [2]. Aber auch diese Gründung war ebenso wenig wie das später im Jahre 1763 auf der Breitestraße besonders auch für „starke Bettler" errichtete Zuchthaus [3] imstande, die Stadt von ihren sozialen Lasten zu befreien. Sie sind jedoch als Versuche in dieser Richtung damals typisch und werfen, da es sich um die ersten eigentlichen Fabriken in Köln handelt, auf die Entstehungsursachen dieser wirtschaftlichen Erscheinungen ein besonderes Licht. Die Förderung des privaten Unternehmertums zur Gründung großer Betriebe oder zur Organisation von Hausindustrieen durch den Staat geschah ja überhaupt vor allem mit aus sozialpolitischen Gründen; denn es handelte sich für die öffentliche Gewalt darum, die breiten verarmten Schichten wieder geordneter Arbeit zuzuführen und die mannigfachen

Geering, Handel und Industrie der Stadt Basel, 1886 S. 608: 1665, und E. Gothein, Wirtschaftsgeschichte des Schwarzwaldes Bd. I Straßburg 1892 S. 697 ff.

1) Vgl. Ratsprotokolle: 83, 256, 302, 412, 412b, 413, 481b, 544, 591b, 612 f., 626 f., 98, 193 f. Rats-Edikte 2,7; 24,29. — Vgl. auch Fuchs, Topographie I S. 307, Gelenius, De Magnitudine S. 612. — Das Haus wurde im Jahre 1651 für 5000 Taler verkauft und diese Summe dem Waisenhausfundus überwiesen.

2) Rpr.: 144, 16 ff., 166, 230 f., 244, 292 ff. 145, 130 H 546. — Auch in Neuß gingen solche erste großgewerbliche Ideen aus sozialpolitischen Rücksichten hervor. Hier suchte die Nonne Anna Maria Beckers im Jahre 1703 eine große Strickerei ins Leben zu rufen, die 100 Arme beschäftigte. Die Gründung kam jedoch nicht zu Stande. F. Lau, Neuß S. 177*).

3) Ratsprotokolle 210, 265 ff. — S. unten Kap. IV, 2.

Gefahren, die dem Staate von ihnen aus drohen konnten, zu beseitigen.

Daher hielt auch die Stadt Köln hierfür noch besondere Ventile offen, indem sie den verarmten Volksklassen und den sinkenden Handwerkern bestimmte Wirtschaftszweige als Ausweg ließ, bei denen sie den Versuch machen konnten, sich zu halten und zu retten. Der geläufigste unter diesen war in Köln schon im Mittelalter der Kleinhandel, die Krämerei.

Dieser ist hier niemals nur von einem klar abgesonderten Krämerstand betrieben worden oder gar zünftlerisch organisiert gewesen, wie in manchen anderen Städten [1]. Das war wohl in der Größe der Stadt begründet und vor allem darin, daß Köln eine bedeutende Großkaufmannschaft aufwies, die sich zugleich auch den Betrieb des Ladengeschäfts vorbehielt. Noch im 18. Jahrhundert und bis ins 19. hinein waren die Großfirmen zugleich auch Kleinhändler [2]. Die Großkaufleute sind von jeher Gegner einer Bindung ihrer Betriebe durch irgendwelche Genossenschaften gewesen und waren stets für volle Ellenbogenfreiheit, was deren innere Zusammensetzung und Ausgestaltung betraf. Ihre Verbände gingen im Gegensatz zu denen der Handwerker darauf aus, dem Einzelnen draußen im Lande gerade freie Bahn zur beliebig großen Entfaltung seines Geschäftes zu schaffen! Dadurch, daß unter dem Einfluß der Großkaufmannschaft in der großen Handelsstadt Köln zum Unterschied von vielen kleinen, mehr gewerblich gerichteten Städten der Kleinhandel in seinen allermeisten Zweigen frei blieb, war es aber auch möglich, daß dort die Handwerker Kleinhandel betreiben durften. Das taten sie denn auch bereits im Mittelalter [3] und zwar vermutlich in großem Umfange [4], und je

1) Vgl. über diese Frage, über die ich mich an dieser Stelle nicht ausführlich äußern kann v. Below, Großhändler und Kleinhändler, Jahrbücher f. Nationalökonomie III. F. Bd. 20.

2) Vgl. z. B. das reich ausgestattete Ladengeschäft des Großkaufmanns Cassinone in der 2. Hälfte des 18. Jahrhunderts: Jahrbuch des Kölnischen Geschichtsvereins Bd. II S. 134 f.

3) So z. B. Kuske, Quellen II S. 33 f.

4) Vgl. auch in Neuß Lau, Neuß, S. 185.

mehr sich die soziale Unterschicht vergrößerte, desto mehr nahmen auch ihre Elemente, und zwar namentlich solche, die „kein Handwerk gelernt haben“ [1]), daran teil. Der Kleinhandel war im 18. Jahrhundert schließlich außerordentlich übersetzt, so sehr, daß auch seine Vertreter zum Teil wieder nicht mehr durchkamen und sich häufig an die Stadt um Hilfe und um Einstellung in deren Arbeiterschaft wandten [2]).

Eine zweite, den Bürgern allgemein zugängliche Erwerbsquelle war der Weinzapf, der von sehr vielen Leuten nebenbei betrieben wurde und der in dem großartigen Kölner Weingroßhandel seine Erklärung findet. In allen Gassen taten sich mitunter nur auf ein paar Tage Besenwirtschaften auf, in denen irgend ein Bürger eine kleine Spekulation mit einem Faß Wein betrieb, das er gekauft hatte. Dieser Ausschank war das Seitenstück besonders auch der unbemittelten Einwohner zu dem Weinhandel im großen, der von den wohlhabenden aller Berufskreise in vereinzelten oder fortgesetzten Geschäften beliebt wurde [3]).

Seit dem 16. Jahrhundert entstand in Köln ferner allmählich die Branntweinbrennerei. Auch in dieser sah der Rat eine willkommene Gelegenheit besonders für die ärmeren Handwerksmeister und für Ungelernte zum Nebenerwerb [4]) oder als einzige Nahrungsquelle, und er ließ daher dieses Gewerbe zu ihrer Zuflucht ausdrücklich frei. Und an die Brennerei, deren Besitzer oft mittels der Schlempe auch eine nicht unbeträchtliche Schweinezucht betrieben, schloß sich bald ein ausgedehnter Branntweinschank an. Im 18. Jahrhundert befanden sich in der Stadt annähernd 100 Brennereien, eine Zahl, die im Jahre 1791 vom Rat auch als

---

1) H 546 (1777).

2) Ein Krämer will z. B. lieber Radtreter werden. Er sagt: *In vorigen zeiten konnte ich zwar kümmerlich leben, aber nunmehro, wo sich schier mehrere krämer als käuffer auf allen gassen vorfinden ... will solch geringer verdienst gar nicht erklecken;* ebd.

3) Zahlreiche Beispiele in meinen Quellen zur Handelsgeschichte; vgl. ferner hierzu auch die Schilderungen Hermanns von Weinsberg im Buch Weinsberg; ferner die Weingesindeordnungen bei Stein.

4) So z. B. auch in den Steuerlisten bei Greving, Annalen d. Hist. Ver. für den Niederrhein 78 S. 77.

Maximum bestimmt wurde [1]). Viel bedeutender war die Zahl der Schnapswirte („Branntweinzapfer"), von denen die Stadt im Jahre 1768 z. B. 306 feststellte [2]) und unter denen sich außer Handwerkern, Schiffern und Unteroffizieren nicht weniger als 50 Witwen, Ehefrauen und Jungfern befanden. Wenn man hierzu noch die etwa 100 Brauereien, die vermutlich noch durch besondere Bierstuben ergänzt wurden, und die sicher nicht geringere Zahl der Weinschänken nimmt, so ergibt sich ein recht inhaltsreiches Bild von der Trinkfreudigkeit des alten Köln im 17. und 18. Jahrhundert.

Produktion und Umsatz dieser Betriebe waren natürlich oft sehr gering. Die Brenner erzielten durchschnittlich $^1/_2$ Ohm, also noch nicht $^3/_4$ hl in der Woche, viele gar nur 5—10 Liter, und es gab Schänkwirte, die wöchentlich nur ein Maß und sogar täglich nur 3—4 Gläschen Schnaps los wurden! [3]).

Es wiederholten sich also in diesen Gewerben die Zustände des Kleinhandels. Ihre Vertreter waren so zahlreich geworden, daß sie sich in gegenseitigem Wettbewerb selbst ruinierten und an den Bettelstab drängten [4]). Dann aber sollte auch ihnen die Stadt helfen und ihnen irgend welche sichere Stellen geben.

Ähnlich wie das neue Branntweingewerbe ließ der Rat auch die seit Anfang des 17. Jahrhunderts eindringende T a b a k i n d u s t r i e frei, für die Köln nicht nur dank seiner alten Handelsverbindungen mit der Pfalz und Holland und des sich damit von selbst ergebenden Tabakhandels, sondern auch mit Hilfe seines großen Menschenangebotes

1) Zunftabteilung 491.

2) Ebd., daneben 95 Brenner.

3) S. H. 319. — Z. 491.

4) Die Lage der Brenner wurde auch durch die Besteuerung des Branntweins sehr erschwert. Die Stadt erhob vom Kessel (zu $2^1/_4$ Ohm) 2 Reichstaler für jedesmalige Benutzung. Der Eingang der Steuer wurde im 18. Jahrhundert dadurch gesichert, daß die Stadt die Brenner zwang, nur aus den öffentlichen Magazinen Getreide zu kaufen und daß sie dabei die Steuer auf den Kaufpreis aufschlug, nämlich 2 Reichstaler von einem Malter, da soviel zum einmaligen Brennen in obigem Raume nötig war. In Teuerungszeiten erhielten die Brenner dann überhaupt nichts geliefert; in billigen hielt die städtische Kornkasse ihre Preise hoch, um magazinieren zu können und nötigte so die Brenner zu einer noch höheren Steuer. Z. 491.

bald fast 200 Jahre lang der wichtigste Platz Westdeutschlands wurde. Dieses Gewerbe zog zu Anfang des 18. Jahrhunderts schon etwa 500 Arbeiter an sich [1]) und half nicht unwesentlich zur Milderung des sozialen Druckes in jener Zeit beitragen, obwohl es ebenfalls mehrfach durch feindselige handelspolitische Maßnahmen der Nachbarstaaten gegen das Kölner Fabrikat erschüttert wurde, sodaß seine Arbeiter auch oftmals gezwungen waren, ihren Beruf zu wechseln [2]). Ähnlich erging es dem alten Kölner Seidengewerbe, das bis ins 16. Jahrhundert für Köln charakteristisch gewesen war. Es wurde namentlich durch die Entwicklung von neuen Industrien in anderen Gebieten mit Hilfe der fördernden Maßnahmen ihrer Regierungen überholt und verlor den größten Teil seines Absatzes [3]). Diese Industrie nahm in Köln schon im Mittelalter einen Teil der vielen die Zahl der Männer überschießenden Frauen auf [4]); seit ihrem Niedergang begannen sie auch, wie oben gezeigt wurde, in die städtische Arbeiterschaft und mehr als je in den Kleinhandel einzudringen.

Der Überfluß an Menschen erklärt uns schließlich auch die große Zahl von männlichen und weiblichen Dienstboten aller Art in den Kölner Haushaltungen, von denen nur wenige ohne derartige Hilfskräfte waren [5]).

3. Die Auswahl der Arbeiter.

Aus diesen sozialen Grundlagen ging nunmehr auch die Schar der oben geschilderten Arbeiter hervor. Es waren Kleinhändler und Schänkwirte, „verdorbene Handwerker" [6]), ferner Handwerksgesellen, die nicht Meister werden konnten, Ungelernte, die aus „unehrlichen" Kreisen stammten

---

1) A. Boerner, Kölner Tabakhandel u. Tabakgewerbe. Essen 1912 S. 64.

2) ebd.

3) H. Koch, Geschichte des Seidengewerbes in Köln. (Schmollers Forschungen, H. 128. 1907) S. 71 ff.

4) Das Verhältnis der erwachsenen Männer zu den Frauen in Köln betrug 1000 zu 1200; vgl. Banck, Bevölkerungszahl der Stadt Köln. Mevissenfestschrift 1895 S. 316.

5) In 9 von Banck untersuchten Pfarren kamen z. B. auf zusammen 3127 Haushaltungen 1303 Knechte und Jungen und 1236 Mägde; a. a. O.

6) H 389.

oder wieder die Söhne von Arbeitern in städtischen Diensten waren, und schließlich Kutscher, Diener und Arbeiter, besonders der Kaufleute. Die Handwerksmeister stellten jedoch den Hauptteil. Bereits im Mittelalter bewarben sich Bäcker, Schiffer und Böttcher um Arbeiterstellen [1]), und namentlich in den späteren Jahrhunderten ist kaum ein Gewerbe unter den Bittstellern und denen, die Berücksichtigung fanden, unvertreten. Aber aus den oben erörterten Gründen sind Bäcker, Branntweinbrenner, Brauer und Schiffer am häufigsten beteiligt und in den 40er Jahren des 18. Jahrhunderts namentlich auch die Tabakarbeiter, von denen damals viele durch die jülich-bergischen Einfuhrverbote gegen den kölnischen Tabak brotlos wurden.

In der Arbeiterschaft heben sich deutlich zwei Schichten von einander ab, nämlich die der Messer, Zähler und Packer von der der reinen Träger. Zu den Verrichtungen der ersteren gehörten eine gewisse höhere Geschicklichkeit und Sachverständnis, während bei diesen mehr die körperlichen Kräfte ausschlaggebend waren. Daher bevorzugte die Stadt bei der Auswahl jener solche Leute, die bereits entweder als Handwerker oder als Angestellte bei Kaufleuten mit den in Frage kommenden Gütern oder Handgriffen zu tun gehabt hatten. So rekrutierten sich Röder, Tran- und Ölmesser oder Schröder vorwiegend aus „verdorbenen" Böttchern, Holzmesser aus Schreinern und Zimmerleuten, Kalkmüdder aus Steinmetzen und Maurern, Brotwieger aus Bäckern, Wieger in der Wollküche aus Webern, 16er aus Arbeitern bei Fischgroßhändlern, Stöcker aus Metzgern und Kranenleute aus den Schiffern, die besonders für die Schiffskrane sachverständig waren.

Sonst aber konnten sowohl diese Arbeiterart als auch die Träger von der verschiedensten Herkunft bis hin zum ehemaligen selbständigen „Kaufhändler" sein.

Unerläßliche Vorbedingung für die Einstellung war der Besitz der Bürgerschaft, mit der zugleich auch, da Protestanten nicht Bürger werden konnten, die katholische Konfession verbunden war [2]). Im Mittelalter mußten wenigstens

1) Kuske, Quellen II, 65. — Ratsmemorialbücher 3, 135 f.

2) Manche Protestanten treten zum Katholizismus über, um eine Arbeiterstelle zu bekommen, so z. B. H 514.

die gehobeneren Arbeiter außerdem einen Harnisch aufweisen [1]. Die Salzmüdder, die unter dem Erzbischof standen und außerdem zunftähnlich organisiert waren, verlangten eheliche und freie Geburt und daß der Bewerber nicht im Kirchenbanne stand, also namentlich seine religiösen Pflichten immer gewissenhaft erfüllt hatte [2]. In späterer Zeit, als viele der Arbeiter mehr als früher angehalten wurden, ebenfalls schriftliche Verzeichnisse zu führen, mußten sie meist auch schreiben, lesen und rechnen können; mindestens wurde die nachträgliche Erlernung dieser Künste zur Bedingung der Einstellung gemacht. Aber bis zum Ende des 18. Jahrhunderts kam es immer noch vor, daß sie der eine oder andere Arbeiter nicht verstand. Der Rat bevorzugte ferner auch die Kandidaten, die sich verpflichteten, ihre arbeitsunfähigen Vorgänger oder deren Witwen und Waisen zu unterstützen [3]. Meist wirkten zur Berücksichtigung auch Zeugnisse von Kaufleuten, Nachbarn und Pfarrern über berufliche Führung und allgemeinen Lebenswandel mit, in denen namentlich auch die Bescheinigung der Nüchternheit einen breiten Raum einnahm. Natürlich spielte auch bei der Besetzung aller dieser Pöstchen die Protektion durch Ratsherren und einflußreiche Kaufleute eine bedeutende Rolle. Schon im Mittelalter mußte sich der Rat ihrer durch wiederholte ausdrückliche Verbote gegen seine eigenen Mitglieder zu erwehren suchen! [4].

IV.

Allgemeine Zustände der Arbeiterschaft.

1. Die Arbeitszeit.

Die Anforderungen, die an die zeitlichen Leistungen der Arbeiter gestellt wurden, waren natürlich verschieden je nach ihren Aufgaben. Am schärfsten begrenzt wurden sie bei den eigentlichen Verkaufsanstalten, also den Kaufhäu-

1) S. z. B. Stein II S. 186.

2) Kuske, Quellen II S. 60.

3) Im Jahre 1788 erklärte sich einmal ein Bewerber unter der Bedingung, daß er eine Radtreterstelle erhielt, bereit, die Tochter seines Vorgängers zu heiraten und dann dessen Familie zu unterstützen. Er bekam den Posten. H 546.

4) Stein I S. 293 (1429) — 474 (1481).

sern und den Märkten. Erstere waren im Sommer täglich 8, im Winter 6 Stunden geöffnet [1]), und zwar immer mit zweistündigen Mittagspausen. Bei manchen der Kaufhausarbeiter, wie z. B. bei den 16ern, schlossen sich an die Arbeitszeit noch die Gänge nach den verschiedenen Geldern in die Stadt; sie mag auch überschritten worden sein, wenn sie Trägerdienste verrichteten. Die Arbeiter der Märkte mußten meist sehr zeitig beginnen; der Viehmarkt fing z. B. im Sommer morgens um 5, im Winter um 6 Uhr an, und die Endzeiten waren anscheinend unbestimmt [2]). Die Kohlenmüdder und -träger dagegen brauchten erst um 7 bez. 8 Uhr auf ihrem Markte zu sein, vermutlich, weil dann erst der Verkauf an Zwischenhändler begann, während sich vorher nur die Verbraucher versorgen durften. Die Kornmüdder begannen um 8 bez. 9 Uhr, der Waidmesser überhaupt stets um die letztere Stunde.

Am Rheinufer waren die Endzeiten meist später angesetzt, weil hier die Notwendigkeit regierte, die Schiffe völlig zu löschen oder zu beladen. Die Salzmüdder arbeiteten z. B. von 6 Uhr morgens bis 7 Uhr abends bez. von 8—4 Uhr; augenscheinlich hatten sie deshalb keine besondere Mittagspause, weil sie auf den Schiffen von den Schiffern ihre Mahlzeiten bekamen. Die anderen Rheinarbeiter hielten meist zwei Stunden inne, und besonders die Arbeitszeit derer, die bestimmte Kaufhäuser bedienten, wie die 14er das Fischkaufhaus, wird vorwiegend durch deren Öffnungszeit begrenzt gewesen sein. Im allgemeinen bestand am Rhein die Sitte, stets bis zum Eintritt der Dunkelheit, das war zugleich bis zum Schluß der Stadttore, tätig zu sein. Im Jahre 1776 entstand allerdings eine Bewegung aller Rheinarbeiter gegen diese Zeit, und sie versuchten, Stunden zu bestimmen, vor und nach denen sie nicht mehr arbeiten wollten. Der

1) 7—11, 1—5 bzw. 8—11, 1—4 Uhr. In manchen Zeiten waren die Stunden etwas anders angesetzt; im Mittelalter z. B. auch im Sommer vormittags 6—10 Uhr. Im Fischkaufhaus manchmal auch von 2 Uhr bis zum Eintritt der Dunkelheit. — Man pflegte in früheren Jahrhunderten früher aufzustehen und schon um 10 oder 11 Uhr die Mittagsmahlzeit zu nehmen.

2) Im Jahre 1581 wird verordnet, daß die Stöcker nicht vor ½5 Uhr morgens Ochsen auftreiben sollen. H 339.

Rat verfügte darauf, daß mindestens die Arbeiter, die unmittelbar die Schiffe aus- und einluden, von Laetare bis 8. September von 6—11 und 1—7 und im Winter von 7—11 und 1—5 Uhr zur Verfügung sein mußten; an den kürzesten Tagen von Toröffnung bis Torschluß [1]).

Die Arbeit in der Dunkelheit, d. h. nach Sonnenuntergang, wurde also, wie es auch z. B. im Handwerk meist der Fall war, fast stets vermieden. Nur an den Kranen durfte in Notfällen auch nachts gearbeitet werden [2]). Die Radtreter wurden ausdrücklich darauf, daß sie sich dieser Verpflichtung unterwerfen wollten, vereidigt [3]). Auch die Unterbrechung der Mittagspausen war nur hier erlaubt. An den Sonn- und Feiertagen ruhte die Arbeit vollständig, falls auch hier an den Schiffen oder auch zur schleunigen Unterbringung des Weines in den Kellern keine Ausnahmen verordnet oder erlaubt wurden [4]).

Die Arbeiter waren gezwungen, stets in der Stadt anwesend zu sein, und durften sie nur mit Erlaubnis der dem betreffenden Wirtschaftszweig vorgesetzten Ratsherren verlassen. Sie verloren unter Umständen ihr Amt, wenn sie diese nicht einholten [5]). Bei manchen Arbeitern, wie z. B. bei den Kornmüddern und -trägern, verfolgte der Rat mit dieser Verpflichtung den Zweck, sie daran zu verhindern, daß sie die auswärtigen Kaufleute über den Stand der Kölner Preise unterrichteten.

Manche Arbeit war Saisonarbeit [6]) und schwoll erst besonders in den Herbstmonaten stark an, wenn Most und junger Wein, Kohlen, Getreide, Früchte, fettgeweidetes Vieh, Fische und andere leichtverderbliche Güter kamen. Daher war es den Arbeitern, wie z. B. den 14ern, in den stilleren Zeiten erlaubt, nur zum Teil bereit zu stehen, während sie sich in

1) H 546.

2) H 545 bez. 541, 43.

3) H 546.

4) Stein II, S. 63. 193. — Der Kaufmann mußte dann aber außer Extralöhnen im Mittelalter ein Pfund Wachs „zur Ehre Gottes" geben, ebd. 262 (1430).

5) Stein II, 455.

6) Der Ausdruck „*wintersaison*" z. B. in Ratsprotokolle 207, 13 (1760).

den belebteren, wie gezeigt wurde, durch Hilfskräfte, die sie auf eigene Rechnung anstellten, verstärken durften.

2. Löhne.

Die Frage der Arbeitszeit war in früheren Jahrhunderten zum Teil deshalb von geringerer Bedeutung für die Arbeiter, weil diese meist nicht darnach, sondern nach den einzelnen Verrichtungen entlohnt wurden, die sie vollzogen. Ihre Arbeit beruhte, — wie die der Beamten alten Stiles, — vorwiegend auf dem Gebührenprinzip[1]. Daher mußten sich bei längerer Arbeitsdauer ihre Einnahmen gemäß den Gebührensätzen vergrößern. Gleichwohl lag darin, daß die meisten Arbeiten schon wegen der Besteuerung getan werden mußten und ihnen, wie man zu sagen pflegt, nicht weglaufen konnten, ein Moment, das sie immerhin nicht zu einer allzugroßen Ausdehnung der Arbeitsstunden anspornte. Auch in dem häufig herrschenden, noch zu erörternden genossenschaftlichen Prinzip lagen hemmende Gründe in dieser Richtung vor.

Die Bemessungsgrundlage des Lohnes richtete sich naturgemäß zum großen Teile nach der Art der Arbeit.

Die Messer wurden meist nach den Mengen bezahlt, die sie ermittelten. Das war nicht nur einfach, sondern gab der Stadt für ihre Accise auch die Gewähr, daß nicht zu reichlich gemessen wurde. Die oben mehrfach erwähnte Forderung, daß die Maße gestrichen und nicht gehäuft werden müßten, diente ja auch mit fiskalischen Zwecken[2].

Die Röder erhielten so zu Anfang des 15. Jahrhunderts 2 Schillinge[3] für Fässer bis zu etwa $2^1/_4$ Ohm abwärts, von

1) Vgl. hierzu im allgemeinen K. Bücher, Der öffentliche Haushalt der Stadt Frankfurt im Mittelalter. (Zeitschr. f. d. gesamte Staatswissenschaft Bd. 52, 1896.)

2) Die Entwicklung der Löhne während der verschiedenen Jahrhunderte läßt sich nur sehr selten bei einzelnen Arbeitergruppen fortgesetzt verfolgen. Aus den Einheitssätzen kann man auch nicht das Gesamteinkommen ermitteln, da keine Nachrichten über die Gesamtumsätze vorhanden sind. Auch die städtischen Finanzakten sind meist nicht erhalten, die Aufschluß geben könnten.

3) = etwa 40 Reichspfennige Metallgehalt. 2 Schillinge = 1 Albus.

kleineren 1 Schilling [1]; im 16. Jahrhundert 3 bez. $1^1/_2$ Albus [2]. Ihr Lohn hatte sich damit infolge des verminderten Geldwertes weniger im einzelnen, als vielmehr im ganzen durch die gesteigerten Umsätze erhöht. — Die Salzmüdder nahmen in der zweiten Hälfte des 15. Jahrhunderts 1 Schilling [3] für den Hut bei loser Schüttung von Schiff zu Schiff, in Säcken oder Fässern das Doppelte, in die Stadt zu messen 10 Heller (= $1^2/_3$ Schilling), aufs Werft 7 Heller [4].

Der Lohn der 16er belief sich im 16. Jahrhundert auf 12 Albus für das Packen und den Transport in die Stadt von 12 Heringstonnen [5] und 1 Albus für 1000 Bückinge, der der Heringsröder im 15. Jahrhundert auf 1 Heller für die Tonne, im 16. Jahrhundert $1^1/_2$. Die Kannenzähler bekamen im 18. Jahrhundert bis 1787 6 Albus für 100 Wurf [6]. Bei einem Höchstumsatz von etwa $^1/_2$ Million Krügen im Jahre ergab das etwa 125 Reichstaler zusammen für 5 Kannenzähler [7]. Der Anteil des einzelnen wurde allerdings noch wesentlich durch das Zählen und Tragen von zahlreichen anderen Ton- und Glaswaren gesteigert, über deren Umsätze wir nichts Näheres erfahren.

Der Lohn der städtischen Salzmüdder betrug im Mittelalter 2 Schillinge vom Sümmer, außerdem bekamen sie Traggebühren, die sich nach den Entfernungen abstuften. Das war später auch der Fall bei den 16ern, wenn sie trugen. Deren Tarif umfaßte seit dem späteren 16. Jahrhundert etwa 46 Positionen.

---

1) Stein II S. 107 (1400).

2) = 80 bez. 40 Reichspfennige. H. 442.

3) = damals (1445 und 1469) 15 Reichspfennige.

4) Stein II S. 314, 465.

5) = etwa 3.20 Mk.

6) D. i. etwa 30 Pf. für 300 Krüge Mineralwasser.

7) D. i. i. g. etwa 500 Reichsmark. — Im Jahre 1787 wurde der Lohn verdreifacht wegen der Steigerung der Lebensmittelpreise und der Erhöhung der Accise, die ein gewissenhafteres Zählen erforderte. Der Erzbischof von Trier strengte darauf einen Prozeß gegen die Stadt vor dem Reichskammergericht zu Wetzlar an, der im Jahre 1799 noch schwebte. Die französische Verwaltung ermäßigte den Lohn im gleichen Jahre um ein Drittel. Franz. Abt. 58 C 1b.

Ebenso stufte sich der der Gepäckträger und des Wagenknechts im Leinenkaufhaus nach Zonen und zugleich nach Gewichten ab [1]. Bei den Butterträgerinnen richtete sich die Taxe nur nach dem Gewicht, von Entfernungen war hier keine Rede [2]. Auch die Weinschröder erhoben nur 3 Albus von der Fahrt Wein (= $3^1/_2$ Ohm) von irgend einem Stadtteil aus nach dem Rheine.

Sehr häufig wurde die Karre als Lohneinheit genommen. Das war besonders bei den Karbendern der Kaufhäuser der Fall [3]. Beim Abladen waren die Sätze etwas niedriger als beim Aufladen; dazu wurden außer den Wagenladungs- auch besondere Stückgutsätze erhoben [4]. Ähnlich war es bei den Karbendern in der Wollküche [5]. Hier wurden jedoch Zuschläge genommen, falls das Gut über das Land zwischen Maaß und Rhein hinaus bestimmt war [6]. Der Wagenknecht im Leinenkaufhaus hingegen erhielt beim Auf- und Abladen 3 Albus für den Zentner und beförderte dann nach einer besonderen Stücktaxe und nach Zonen.

Teils nach Karren, Maltern oder Sümmern wurden die Kalkmüdder entlohnt, die Kannenzähler nach Karren bei Frechener Töpfen, wenn diese ins Schiff geladen wurden, dagegen nach Stück bei Glas oder Porzellan, nach Tonnen und Fässern bei Pfeifenerde und Ton. Auch bei den Holz-

---

1) Bei den Gepäckträgern vom Eigelstein bis zur Linie St. Kunibert, Trankgasse, Neugasse, Budengasse, St. Gereon (= etwa 1 km) z. B. für 10—20 Pfd. 6 Alb. (= etwa 30 Pf.), 25—50 Pfd. 7 Alb., 75 bis 100 Pfd. 8 Alb. 8 Heller (1 Albus = 12 Heller), 125—150 Pfd. 10 Alb. 8 Heller, 175—200 : 12 Alb., 225—250 : 14, 275—300 : 16. S. oben S. 28.

2) Im Jahre 1776 z. B. für 20—35 Pfd. : $1^1/_2$ Stüber (1 Stüber = $1^1/_3$ Albus, also etwa $6^1/_2$ Pfg., 36—50 Pfd.: 2 Stüber, 50—65 Pfd. = 2 Stüber, 66—100 Pfd. : 3 Stüber. (H 315.)

3) Von einem einspännigen Wagen bis zu 12 Zentner aufzuladen: 10 Albus, vom zweispännigen von 13—25 Ztr. 14 Alb., vom dreispännigen von 26—32 Ztr. 24 Alb., vom 4spännigen von 33—44 Ztr. 36 Alb., bis zu 50 Ztr. 78 Alb.

4) 1 Stück zu 1 Ztr. : 1 Alb., 2—10 Ztr. : 2 Alb., 11—20 Ztr. : 3 Alb. 1776. H 558.

5) 1 einspänniger Karren zu packen: 14 Alb., ein zweispänniger: 24 Alb., ein dreispänniger: 36 Alb.

6) 24 bez. 36 bez. 48 Alb. je im ganzen. H 467 (1632).

zählern gabelte sich die Taxe in ähnlicher Weise entweder nach dem Hundert oder Tausend oder nach der Karre; bei geschnittenem Holz und Brettern dagegen erhielten sie einen Anteil von etwa 3% der Accise. An der Wage des Hauskrans richtete sich das Wiegegeld nach dem Werte der Güter, von dem 2% Accise erhoben wurden; da die Wieger hiervon wieder 1/3 bekamen, so waren sie ebenfalls von dem Acciseertrag abhängig.

Bei den Holzreißern und -hackern bestimmte sich die Entlohnung außer nach Karren oder Stück auch nach der Festigkeit der Holzsorte [1]), desgleichen beim Heumesser außer nach dem Seil mit 6 Hellern nach der Qualität des Heues.

An den Kranen erhielt die Bemannung einen Anteil von ungefähr einem Drittel des Kranengeldes, der dann wieder in bestimmter Weise an die Arbeiter ging, wobei der Kettenmann immer fast das Doppelte des Radtreters bekam [2]). Es wurde schon erwähnt, daß die Einkünfte von der Beförderung der nur umzuschlagenden Güter zwischen Haus- und Salzgassenkran geteilt wurden, wobei die Arbeiter des ersteren, die zugleich den Transport fast über die ganze Uferstrecke zwischen beiden Kranen hatten, meist 2/3 bekamen. Die Kranenregister, die gelegentlich erhalten sind, ergeben z. B. für das 16. Jahrhundert wöchentliche Einkommen der Radtreter von 2—6 Reichsmark und darüber [3]), je nach dem Andrang der Güter, der im Spätherbst oft das drei- und

1) H 206.

2) Am Rheingassenkran im 18. Jahrhundert vom Gulden (zu 24 Albus) 7 Alb. 9 Heller; davon bekamen der Kranmeister 2 Alb. 1 H., jeder Radtreter 1 Alb., — am Hauskran Kranmeister und -schreiber je 1 Alb., Kettenmann 1 Alb. 8 H., Radtreter je 1 Alb.; ebenso war es am Hasen- und Salzgassenkran. Am Trank- und Mühlengassenkran waren die Sätze für die Beamten etwas höher, vermutlich, weil hier der Verkehr nicht so groß sein konnte: Meister 1 Alb. 4 H., Schreiber 1 Alb. 4 H. Die Stellung der Meister und Schreiber unter dem Kettenmann ist nur scheinbar, da mehrere Krane von gleichen Meistern und Schreibern verwaltet wurden oder beide Personen auch identisch waren, sodaß sie jene Sätze mehrfach genossen. H 545.

3) Ohne Berücksichtigung der damals höheren (5fachen?) Kaufkraft des Geldes. — Finanzabteilung 258.

vierfache der Frühlingswochen betrug. Im Winter kam es natürlich vor, daß wochenlang kein Schiff vorfuhr. Nehmen wir an, daß der wöchentliche Jahresdurchschnitt auf 4 Mk. stand, so hätte sich ein Jahreseinkommen von etwa 200 Mk. ergeben, mit dem eine Arbeiterfamilie des 16. Jahrhunderts bescheiden leben konnte.

Im 18. Jahrhundert nahmen die Radtreter durchschnittlich 200—250 Reichstaler im Jahre ein, die Kettenknechte, wie gesagt, fast das Doppelte, wobei sich die am Hauskran am besten standen [1]. Das waren immerhin Einkünfte, deren sich weitaus die meisten Handwerker in der Stadt sicher nicht erfreuen konnten, und sie erklären uns den starken Andrang zu diesen Stellen, so anstrengend auch die Arbeit dabei war. (Ein Einkommen von etwa 75 Talern wurde für einen alleinstehenden erwachsenen Mann der breiteren Volksschichten im 18. Jahrhundert als auskömmlich bezeichnet) [2]. Allerdings war dabei Voraussetzung, daß der betreffende Arbeiter nicht einen großen Teil seines Lohnes an andere abtreten mußte. (S. hierzu unter Kap. IV, 3.)

Die Wiegeknechte der Krane erhielten dagegen im 18. Jahrhundert von der Stadt Wochenlohn, und zwar 2 Reichstaler [3]. Auch die Brotwieger hatten Zeitlohn, und zwar jährlich 100 Reichstaler, ebenso der Fuhrknecht im Gürzenich im 16. Jahrhundert etwa 2 Reichstaler wöchentlich [4]. Es wurde bereits ausgeführt, daß die Arbeiter oft selbst Hilfsarbeiter auf ihre Rechnung einstellten. Unter diesen hatten z. B. die Spätknechte der 16er einen Tagelohn von $^1/_5$ Reichstaler.

Die jüngeren Salzmüdder bekamen je nach ihrem „Lehrjahr" bedeutend weniger vom Meßgeld, im 18. Jahrhundert zu manchen Zeiten überhaupt nichts, bis Erzbischof Max Franz, allerdings erst im Jahre 1793, die älteren nötigte,

1) H 546. — Die Kranmeister und -schreiber je etwa 700—750 Taler. — Ein Reichstaler hatte etwa 4 Mark Metallwert.

2) H 515.

3) Franz. Abt. 58 C 15. — Der Wiegemeister 3 Taler.

4) Das ist im Jahre 1567; 1586 zwei Fünftel Taler mehr. — Die Bauarbeiter, (d. i. die älteren Gesellen) bekamen Ende des 16. Jahrhunderts täglich ungefähr $^1/_4$ Taler, dazu wohl aber auch die Kost während der Arbeitszeit. Ratsedikte 5, 4.

ihnen nunmehr wenigstens vierteljährlich 50 Taler zu geben, ein Satz, der vermutlich damals als Existenzminimum für eine Familie angesehen wurde [1]).

Eigentümlich ist diesen Zuständen noch für das ganze 18. Jahrhundert, daß die meisten Arbeiter auch ein Anrecht mindestens auf die Hälfte des Lohnes hatten, wenn sie ihre Arbeit an einem passierenden Gute nicht ausübten und der Kaufmann oder Bürger von ihnen aus irgend welchen Gründen befreit blieb. Das war auch so, wenn er z. B. den Transport in sein Haus durch eigene Leute oder gar selbst besorgte. Im Gürzenich und in der Wollküche mußte der Fuhrmann die Hälfte der Aufladegebühr entrichten, auch für den Fall, daß die Karbender überlastet waren und ihm nicht zur Verfügung stehen konnten, sodaß er selbst laden mußte[2]).

Mindestens den halben Meßlohn durften auch Salz-, Kohlen- und Kornmüdder fordern, wenn sie nicht maßen [3]).

Zu den regelmäßigen Löhnen kamen häufig noch Sondergebühren, die z. T. als Ersatz für außergewöhnliche Leistungen und für Unkosten bei der Arbeit oder als Trinkgelder gedacht waren.

Das Kranenpersonal hatte so bei Sonntags- oder Nachtarbeit ein Anrecht auf einen Taler, der im voraus entrichtet und unter die Beamten und Arbeiter verteilt wurde. Am Haus- und Salzgassenkran lag außerdem auf jedem sehr schweren Stück, das beide Krane gemeinsam umschlugen, ein besonderer Stüber (das „Stückgeld"), der in eine Büchse kam, deren Inhalt die Arbeiter beider Krane zu gleichen

1) H 406.

2) Vgl. Kuske, Fischhandel S. 62 (16er); dgl. H 514, Ratsedikte 4, 237; ebd. 241: Wagenknecht im Leinenkaufhaus; ebd. 12, 109: Karbender im Gürzenich. — H 467, dgl. in der Wollküche.

3) Stein II S. 268 (1433). Kuske, Quellen II S. 251 (1470): Kohlenmesser. — Deutz, A. Caps. II nr. 94 (18. Jahrhundert) und oft: Salzmüdder. — H 361: Kornmüdder. — Dagegen verbot der Rat schon im Jahre 1474 den Heumessern, Lohn zu nehmen, wenn sie nicht gemessen hatten. Kuske, Quellen II S. 312.

Teilen erhielten [1]. Die Stöcker forderten von jedem sechstägigen Großmarkt, den sie bedienten, alle zusammen 16 Taler „Schuhgeld", die Heringsröder ein Kohlengeld für das Glühen der Heringsbrandeisen, der Ölmesser ein „Wärmegeld" für das Auftauen des Öls im Winter. Die Klocken beanspruchten für jeden Marktstand, den sie neu einrichteten, eine einmalige Gebühr von $^1/_2$ Taler. Im Kaufhaus auf dem Alten Markt, bez. wohl später auch im Leinenkaufhaus und in den Tuchhallen, zahlte der Kaufmann für jeden Ballen, den er dort lagerte, eine Gebühr von 12 Pf. (= 6 Heller) für das Personal in eine Art Versicherungskasse, da es für Verluste und Schaden an den Zeugen haftpflichtig war, was ihm so erleichtert werden sollte [2].

Die Streicher und Wieger der Kaufhäuser und die Leute auf dem Holzmarkt, vermutlich aber auch andere Arbeiter, bekamen mindestens im Mittelalter bei Abschluß eines Kaufs den sog. Weinkauf, eine kleine Gebühr zur Bekräftigung des Handels, die von ihnen umgehend vertrunken wurde. Auch die Salzmüdder beanspruchten schon im 14. Jahrhundert ein „Trinkgeld", das wohl den gleichen Sinn hatte [3].

Die Verabreichung von Getränken und Speisen war auch sonst häufig.

Die Weinröder hatten in der Hauptarbeitszeit im Herbst ein Anrecht auf „ihren Martin", eine Weinspende, mit dem das Martinsfest, — das ja wohl überhaupt mit den Sinn eines Erntefestes hatte, — von ihnen begangen wurde [4]. Die Kranarbeiter verlangten die „Kranflasche" von allem Wein, den sie bearbeiteten [5]. Sie wurden von den Schiffern, damit sie die Arbeit nicht verlassen sollten, gespeist, was auch bei den Salzmüddern der Fall war, die daraus im 16. Jahrhun-

1) H 541, 545.

2) Stein II, 415 (1466): Im Jahre 1490 wird einmal ein Kaufmann von der Stadt für ein in der Halle gestohlenes Stück Tuch entschädigt, vermutlich aus jener Kasse. Kuske, Quellen II S. 627.

3) Stein II, 24 (1355), Streicher im Kaufhaus auf dem Alten Markt. 415, 601, 604. — Kuske, Quellen I S. 73.

4) H 442.

5) Als im 18. Jahrhundert Streit über deren Größe entstand, ließ die Stadt für jeden Kran eine Zinnflasche mit ihrem Kronenwappen anfertigen! H 541, S. 6, 23 (1737). H 546.

dert den Schiffern gegenüber, die ihnen nicht kochten, einen festen Anspruch auf ein bares „Suppengeld" von einem Gulden für 100 Hut machten. Sie erhielten außerdem einen sog. „Schiffsümmer" *(„stommen")* in Salz, sobald die Ladung fertig gemessen war.

Die 16er durften die bei ihrer Packarbeit abfallenden Faßreifen, die Hälfte der leer gebliebenen Tonnen und den überschüssigen Pökel an sich nehmen [1]).

Mindestens im Mittelalter wurden auch einige der Arbeitergruppen von der Stadt besonders mit Tuch zu ihrer Kleidung ausgestattet, wie z. B. die Röder und Kranknechte, die je 8 Ellen im Jahre erhielten, die letzteren zu ihrer dem Wetter ausgesetzten Arbeit außerdem ein „Lammfutter". Diese Kleider wurden geteilt, d. h. senkrecht in zwei verschiedenen Farben (wohl schwarz und rot) getragen.

Die Kettenknechte und Radtreter bekamen oft auch Dienstwohnungen auf der Stadtmauer am Rhein oder am Holzmarkt überwiesen, die gelegentlich dann fest mit bestimmten Posten verbunden waren [3]).

Schließlich erwuchsen den Arbeitern noch außerordentliche Einnahmen aus den Geldbußen, die für die Übertretung der Ordnungen ihrer Handelszweige oder ihrer Arbeitsstätten zu zahlen waren und von denen ihnen meist ausdrücklich Anteile durch die Stadt zugesichert wurden, damit sie die Befolgung der Gesetze um so eifriger überwachen halfen [4]).

Mehrfach suchten sich, besonders in späterer Zeit, namentlich die Inhaber der kleineren Ämter auch durch Nebenerwerb zu helfen. Schon im Mittelalter waren z. B. die Wollwieger auch wohl Weber [5]). Die Holzmesser betrieben im 18. Jahrhundert ihr Schreiner- und Zimmerhandwerk, die Kalkmüdder ihr Steinmetzgewerbe weiter. Eine Reihe von Arbeitern, z. B. der Krane, unterhielt Branntweinschänken, mit denen sie sich vermutlich in den stillen Wochen etwas zu

1) H 514 (1652).
2) Stein II S. 279, 322 (1435, 1446).
3) H 546.
4) Stein II S. 21 (1348). Kuske, Fischhandel S. 62.
5) Stein II S. 663.

verdienen suchten [1]. Sonst aber war die Regel, daß die Stadt namentlich den Messern und Zählern und anderen Arbeiterkategorien, die ein besonderes Sachverständnis für das Gut haben mußten, an dem sie sich betätigten, den Handel und andere Geschäfte damit streng untersagte.

Den Stöckern, die noch im 15. Jahrhundert Ochsen wenigstens aus erster Hand verkaufen durften [1], war das in späterer Zeit ebenso wie der Fleischhandel vollkommen verboten [2]. Ebenso waren den Korn-, Kohlen-, Kalk- und Salzmüddern, den Weinschrödern und -rödern und Kannenzählern eigene Geschäfte in ihren Gütern untersagt; denn eine Erlaubnis dazu hätte diese Hüter der Accisen wohl zu Böcken im städtischen Steuergarten gemacht. Aus dem gleichen Grunde durften auch die Holzzähler kein Holz annehmen oder gar über ihren Lohn hinaus fordern [3].

Diese Verbote ergänzten sich durch solche auf die Annahme von Geschenken, auf Kommissions- und Maklergeschäfte, sowie dagegen, Schankwirtschaften und für die Vertreter ihrer Handelszweige Herbergen zu halten. Die Kornmüdder durften auch keine Bürgschaften für Getreidehändler oder -einkäufer leisten, um sich nicht zu ungunsten der Steuern abhängig zu machen [4].

Die oben genannten Lohnsätze waren sofort mit der Gründung dieser Arbeiterämter samt und sonders von der Stadt aufgestellt worden, die auch über deren Beobachtung wachte. Es kam dabei auch häufig vor, daß sie einen Anteil des Ertrages beanspruchte. Sie erhielt vom Meßgeld der Kornmüdder die Hälfte, von dem der Röder ein Drittel. Als sie im Jahre 1446 die Zahl der Kohlenmüdder von 12 auf 10

---

1) Die Kornmüdder waren im 15. Jahrhundert oft zugleich Nachtwächter. Der Rat verbot es ihnen im Jahre 1475, weil sie sonst bei Tage schläfrig seien! Stein II S. 537 f.

2) Stein II S. 649 (1493). Bei den zahlreichen Beamten des Viehmarktes war das hingegen längst der Fall.

3) Kuske II S. 2, 395. Mit dem Trucksystem hat das nichts zu tun. — Die Stadt hob aber doch dieses für alle Gewerbe im Jahre 1470 auf und verordnete die Vereidigung der Amtsmeister der Zünfte zur Überwachung der Meister in dieser Hinsicht; ebd. S. 228.

4) Stein II 381.

verminderte, mußten die übrigen dafür wöchentlich $^{1}/_{4}$ Goldgulden an die Domfindlinge zahlen; als im Jahre 1467 zwei weitere ausschieden, nahm sie deren Anteil am Gesamtlohn in ihre Kasse [1]. Manchmal waren auch kleine Teilbeträge an die beaufsichtigenden Ratsherren abzugeben.

Noch im 18. Jahrhundert nötigte die Stadt die Arbeiter zu besonderen Leistungen aus ihren Löhnen. Als sie im Jahre 1763 das Zuchthaus errichtete, wurden die Mittel dazu nicht nur durch Aufwendungen aus den allgemeinen Einkünften und durch eine Lotterie aufgebracht, sondern auch dadurch, daß jeder Bürger, der von der Stadt irgend ein Amt erhielt, dafür eine „*kleine finance*" an ihre Kasse zahlen mußte, eine Verpflichtung, von der nur das Militär frei blieb. Dieser Beitrag wurde so erhoben, daß die Betreffenden das Einkommen des ersten Vierteljahres ihrer Amts- und Arbeitszeit geben mußten; wer das nicht vermochte, durfte von den ersten zwei Vierteljahren je die Hälfte entrichten [2]. Da es ferner den 14ern um diese Zeit augenscheinlich zu wohl ging, wurde der im Amte jüngste von ihnen seit 1766 angehalten, an den städtischen Steinmetz, der über zu niedrigen Lohn klagte, jährlich 25 Taler abzutreten [3].

Dafür aber schützte der Rat auf der anderen Seite seine Arbeiter vor allem gegen Angriffe ihrer Gläubiger. Es war mindestens im 18. Jahrhundert, vermutlich aber schon früher Grundsatz, daß der Lohn der städtischen Arbeiter und Soldaten nicht beschlagnahmt werden konnte [4]. Dafür aber nahm der Rat die Befriedigung der Gläubiger selbst in die Hand, ähnlich wie er überhaupt fast stets auch Konkurse und Zahlungskonflikte selbst allmählich zu regeln suchte und Moratorien und Zwangsvergleiche verhängte [5]. Er ließ den Lohn des schuldenden Arbeiters nur durch die Hand seines Vorgesetzten gehen, der mit der Hälfte davon den Gläubiger bezahlte und daraus auch 5% Zinsen bestritt [6], seit den

1) Knipping, Stadtrechnungen. — Stein II S. 334 f. 453.
2) Ratsprotokolle 210, 264 ff.
3) Ebd. 213, 28.
4) Ebd. 181, 1486 (1734), 229, 1376 (1782), 232, 134 (1785).
5) S. bes. hierzu die zahlreichen Konkursakten. H 56—65.
6) H 546.

80er Jahren des 18. Jahrhunderts mit einem Viertel bei nur 4%igen Zinsen.

Bei den 16ern, die im 18. Jahrhundert 20 Reichstaler Sicherheit stellen mußten, lieferte er diese dem Gläubiger aus [1]).

3. Genossenschaften und sozialpolitische Maßnahmen der Stadt.

Die wirtschaftlichen Verhältnisse der Arbeiter und ihrer Familien wurden wesentlich beeinflußt entweder durch ihre genossenschaftlichen Bildungen oder durch besondere sozialpolitische Eingriffe der Stadt. Es handelte sich dabei sowohl um die Verteilung des Lohnes, als auch um die Frage nach dem Schicksal kranker oder altersschwacher Arbeiter oder ihrer verwaisten Familien.

Im Gegensatz zu den Handwerkern, die nur mehr oder weniger weitgehende Unterstützungskassen hatten[2]), erstreckten sich die gemeinsamen wirtschaftlichen Maßnahmen der Arbeiter weiter. Diese unterschieden sich in ihrer Arbeit von jenen dadurch, daß sie nicht als vereinzelte „Unternehmer" eine Umformung des Stoffes vornahmen und daß sie nicht „produzierten". Sie setzten vielmehr die Güter nur irgendwie in Bewegung, und im großen ganzen hatten sie diese Bewegung gemeinsam zugleich oder mit einander abwechselnd zu bewältigen. Manchmal knüpfte sich z. B. an das Messen oder Packen auch das Tragen durch die gleiche Arbeitergruppe, das bei der Entlohnung anders bewertet wurde,

---

1) H 514.

2) Über derartige Handwerker-Unterstützungs-Genossenschaften und die Tätigkeit der Zünfte in dieser Hinsicht s. G. Hogenberg, Erwerbsordnung und Unterstützungswesen in Deutschland von den letzten Jahrhunderten des Mittelalters bis zum 30jährigen Kriege. Erlanger Diss. Borna-Leipzig 1913. Über genossenschaftliche Unternehmungsformen zum Zwecke des Erwerbs in älterer Zeit s. G. Schmoller, Geschichtliche Entwicklung der Unternehmung in seinem Jahrbuch Bd. 1890 und 1891. — In Köln s. z. B. Alters- und Invaliditätsunterstützung bei den Böttchern und Seilern. v. Loesch, Zunfturkunden I S. 14 f. (1397). — Krankenkassen der Kölner Pfeifenbäcker s. A. Boerner, Kölner Tabakhandel, S. 80.

sodaß hier Streitigkeiten über die Teilnahme an den einzelnen Verrichtungen entstehen konnten. Oftmals konnte sich auch ein ungesunder Wettbewerb um die Dienstleistung erheben, die ja meist stehenden Fußes (Messen, Tragen u. s. f.) bei Ankunft der Ware in der Stadt zu erledigen war, sodaß die Kaufleute und bei dem Temperament der Arbeiter auch die öffentliche Ordnung Schaden leiden konnten. Daher hatten sich schon im Mittelalter viele von den einzelnen Gruppen teils freiwillig, teils wohl aber auch unter dem Drucke des Rates zu einer genossenschaftlichen Ausführung der Arbeit und dabei zu einer gleichen Teilung des Arbeitsertrages zusammen geschlossen, und gerade darin unterschieden sie sich von den Genossenschaften der Handwerker. Sie folgten dabei wohl auch der in Köln in früheren Jahrhunderten ganz besonders blühenden Neigung zu bruderschaftlichen Verbindungen [1]. Daß sie auch die Stadt selbst aus praktischen Gründen ausdrücklich hervorrief, geht mindestens aus der Bildung der Kornmüddergenossenschaft in der zweiten Hälfte des 15. Jahrhunderts hervor, die von ihr gegründet wurde wegen viel *„loufes und rinnes"* der Müdder, *der ein vur den anderen* den Getreideladungen entgegen, die in die Stadt hereinkamen, womit jeder den anderen beim Einheimsen von Meßaufträgen und entsprechenden Löhnen auszustechen suchte. Die Stadt führte nun einen genossenschaftlichen Betrieb mit wöchentlicher gleicher Teilung der Löhne ein, die von den einzelnen Arbeitern in eine Büchse geworfen wurden, wodurch natürlich Ordnung und Ruhe in die Arbeit kamen.

Das gleiche war bei den Kohlenmüddern der Fall, die dazu zwei Rechenmeister („Kerfmeister") hatten und sogar täglich unter Leitung eines Kohlenherrn teilten. Auch die Kohlenschürger, -träger und -wieger taten, soweit sie auch schon im Mittelalter bestanden, das gleiche. Dieselbe Ein-

1) Hier befanden sich im späteren Mittelalter allein etwa 80 Bruderschaften; Gierke, Genossenschaftsrecht I S. 238.

2) Kuske, Quellen II S. 339.

3) Stein II S. 185 (1407). Kuske, Quellen II S. 345, 346 H 206. — Fast durchweg war die gleiche Teilung der Einnahmen auch bei den Unterkäufern üblich, ebenso in der kleinen Börtschiffahrt: S. Beiträge zur Geschichte des Niederrheins Bd. XX S. 263.

richtung hatten auch schon im Mittelalter die Salzmüdder und Salzträger, die 14er[1]) und die 16er[2]). Bei diesen war der Ausgleich wegen des Packens und Tragens wichtig; denn das Tragen war weniger beliebt; sie hatten aber unverzüglich jedem Kaufmann zur Verfügung zu stehen, der es von ihnen forderte. Die gleichen Zustände herrschten bei den Karbendern in den Kaufhäusern und der Wollküche und den Streichern in den Tuch- und Leinwandhallen [3]).

Mitunter hatten die Rechenmeister oder die zuständigen Ratsherren die Reihenfolge der Arbeit zu bestimmen. Für alle diese Zwecke hatte der Rat den einzelnen Gruppen kleine Häuschen an ihrem Standplatze gebaut, wo sie auch auf Arbeit warteten und so aus den Schankwirtschaften fern gehalten wurden, in denen sie sonst Auflage hielten.

Es war selbstverständlich, daß trotz dieses wirtschaftlichen Ausgleichs jeder Genosse genötigt wurde, sein Bestes zur Erledigung der Arbeit zu tun. Wer die Arbeitszeit versäumte oder überhaupt faulenzte, wurde von der Teilung des betreffenden Tages ausgeschlossen oder sonst verkürzt; wer den Lohn, den er eingeholt hatte, nicht vollständig ablieferte, verlor sein Amt [4]).

Dagegen war es fast überall die Regel, daß durch Krankheit, Altersschwäche oder Invalidität verhinderte Genossen unterstützt wurden, und gerade in dieser Richtung hatte sich teils auf genossenschaftlicher Grundlage, teils auf Veranlassung der Stadtverwaltung von Fall zu Fall auf Grund gewisser sozialpolitischer Grundsätze ein allseitiges und für jene Zeiten hervorragend entwickeltes Hilfeleistungssystem herausgebildet.

Bei den Salzmüddern, deren Organisation am ausgebildetsten war, übernahm die Genossenschaft allein die Regelung. Die Verdienten unter ihnen hatten das Recht auf

---

1) Ebd. S. 568 (1479).

2) Kuske a. a. O. S. 528 (1487). Sie rechneten Sonnabends ab. Ratsedikte 4, 236 (1596, 1656).

3) Hier schon im Jahre 1355. Stein II, 24.

4) Stein II S. 455 (1496); so stand es wenigstens auf dem Papier!

Kranken- und Altersunterstützung [1], und zwar ein halbes Jahr lang in Höhe ihres ganzen Lohnes von allen gemessenen Gütern, darnach nur vom Salz, und sie erhielten außerdem vierteljährlich ein Deputat Salz. Die hinterbliebenen Witwen und Waisen bekamen Sterbegeld und 16 Pfd. Wachs [2], sowie noch 4 bez. im 18. Jahrhundert 6 „Nachquartalien" in Höhe des Lohnes vom Salz. Unverdiente hatten nur ein Anrecht auf Wachs. Hatte ein Bruder nur unmündige Söhne hinterlassen, die sein Amt noch nicht versorgen konnten, so zahlte ihnen die Genossenschaft seit 1724 nach den Gnadenvierteljahren noch jährlich 50 Reichstaler Erziehungsbeitrag, von denen aber, wenn das Amt mit Schulden belastet war, zuvor durch die Brudermeister die Zinsen an die Gläubiger abgeführt wurden. Die Genossenschaft übernahm diesen gegenüber jedoch keine Haftpflicht; sie zahlte die 50 Taler auch nicht, wenn der Rhein durch Krieg verschlossen war und damit das Salzmaß überhaupt stockte [3]. Erzbischof Max Franz erniedrigte im Jahre 1793 die Gnadenvierteljahre auf 5 und den Erziehungsbeitrag auf $^1/_{12}$ des Lohnes und ließ auch sonst Teile davon allgemeinen Zwecken der Genossenschaft zuführen.

Ähnliche straff geregelte Kassen wiesen übrigens neben den Schiffsmeistern auch die Schiffssteuerleute und -knechte der Kölner „Niederrheinischen Schiffergemeinde" seit dem 17. Jahrhundert auf. Hier handelte es sich um Schiffer, die eigentlich Meister waren, aber zu wenig Kapital besaßen, um sich eigene vollwertige Fahrzeuge anzuschaffen und die sich daher bei ihren Mitmeistern verdingen mußten [4]. Ihr

1) In späterer Zeit, nachdem sie es sich noch besonders durch ein Gastmahl (das „Krankenessen") erkauft hatten; im 18. Jahrhundert wurde das durch Zahlung von einem Taler an jeden Genossen abgelöst. H 408.

2) Starb die Frau, so wurden dem verwitweten Bruder 12 Pfd. Wachs gegeben.

3) H 406.

4) Diese abhängigen Schiffer betrieben aber abwechselnd in der Zeit, da sie keine Heuer hatten, eine Personenfahrt in kleinen Nachen von Köln nach den niederrheinischen Städten bis Arnheim und Nimwegen hinab, die sie im Jahre 1651 mit Genehmigung des Kölner Rates und des Erzbischofs gegründet hatten.

Verband zerfiel ebenso wie der der Meister in eine evangelische und eine katholische Abteilung[1]. Eine gleiche Organisation schufen sich — allerdings erst seit 1787 — die im Dienste der mittelrheinischen Kölner Schiffahrt stehenden und zwar nur katholischen Schiffsknechte [2].

Auch die Kornmüdder hatten auf Grund von Vereinbarungen unter einander die Gepflogenheit, den kranken Genossen ihren halben Lohn zukommen zu lassen [3], und so ist es wohl bei den meisten anderen der hier besprochenen Arbeiter gewesen, und zwar besonders, soweit sie die gleiche Teilung des Lohnes hatten. Bei den übrigen aber war es dem Kranken erlaubt, einen Stellvertreter zu schicken, was auf das gleiche hinauslief.

Die Sterbe-, Alters-, Witwen- und Waisenunterstützung hingegen erforderte schon einen festeren genossenschaftlichen Rückhalt. Sie läßt sich sonst als Sache eines engeren Verbandes nur noch bei den 5 oder 6 städtischen Salzträgern im engeren Sinne nachweisen (s. oben S. 44), aber auch hier erst seit dem 18. Jahrhundert. Diese zahlten der Witwe wenigstens ein halbes Jahr lang die Hälfte des Lohnes und auch ein Begräbnisgeld von 5 Talern [4].

Manche, wie z. B. die Weinröder, sicherten sich wenigstens ein Sterbegeld bei den Gaffeln, denen sie angehörten,

---

1) Auch in eine evangelische, weil der Gilde u. a. außerhalb Kölns wohnende niederrheinische Schiffer angehörten.

2) Über diese Körperschaften vgl. Ausführliches Kuske, Die Rheinschiffahrt zwischen Köln und Düsseldorf vom 17.—19. Jahrhundert. Mit einer Darstellung der älteren Kölner Schifferverbände. Beiträge zur Geschichte des Niederrheins (Jahrbuch des Düsseldorfer Geschichtsvereins) Bd. XX (Düsseldorf 1906) S. 250—354. Die umfangreichen Statuten der Kassen s. Ratsprotokolle 234, 50 ff., 85b bz. H 644 und 678. Vgl. auch Zunftabteilung 275. Das 18. Jahrhundert sah bekanntlich auch zum Teil die Ausbildung der Knappschaften im Kohlenbergbau des Ruhrgebietes! — S. ferner auch über das Unterstützungswesen der Gesellen G. Schanz, Zur Geschichte der deutschen Gesellenverbände, Leipzig 1877; dgl. B. Schönlank, Soziale Kämpfe vor 300 Jahren, Leipzig 1894. — Über Gesellenkämpfe in der Schiffahrt siehe meinen Aufsatz Bonner Schiffahrt in den Annalen des Historischen Vereins für den Niederrhein, Bd. 81.

3) Kuske, Quellen II 335.

4) H 405.

und die neben den Zünften bereits im Mittelalter Kassen dafür hatten [1]).

Sonst aber übernahm es die Stadt, die Versorgung der Invaliden, Alten und Verwaisten wenigstens zu regeln, wenn sie auch selbst mit eigenen Mitteln wohl nur höchst selten eingriff.

Im allgemeinen ist es auffallend, aus unten zu erörternden Gründen aber erklärlich, wie lange sich die Arbeiter bei ihrem Amt zu halten suchten. Selbst in so schweren Berufen wie denen der Kranen„kinder" und der 14er sind noch tätige 70- und 80jährige Männer außerordentlich häufig. Der Rat stellte den gebrechlichsten von ihnen, falls sie das nicht selbst taten, junge Gehilfen zur Seite [2]). Vor allem aber sorgte er, daß der alte Arbeiter, der schließlich doch abtreten mußte, ebenso wie der in jüngeren Jahren invalid gewordene, eine dauernde Unterstützung erhielt. Wohl nach dem Muster der privaten Genossenschaften mußte der Nachfolger anscheinend schon im 16. Jahrhundert dem Vorgänger bis zu seinem Tode die Hälfte *(„Halbscheid")* des Lohnes abtreten, und er erwarb dadurch das Recht, für den Fall seiner eigenen Invalidität die Hälfte zu genießen. Der Rat stellte die Bewerber fast nur unter dieser Bedingung ein. Es scheint auch, daß bei manchen Arbeitergruppen, wie z. B. bei den 16ern, überhaupt ein Teil der Stellen von vornherein nur zur Hälfte ging und daß sich so die oben genannten stetigen halben Dienste verstehen.

Mitunter schloß der Arbeiter, der abzutreten wünschte, aber zuvor einen festen Vertrag mit seinem Nachfolger, der dann damit in seinem Anstellungsgesuch operierte und umso eher die Stelle erhielt, wenn er noch mehr als die Halbscheid leistete. So kamen zu dieser bei Übernahme des Amtes noch einmalige Zahlungen bis zu Hunderten von Talern. Ein abgehender Radtreter erhielt z. B. im Jahre 1778 außer der Zusicherung der Hälfte auch noch 200 Rtler. Abstand, ein anderer einige Jahre vorher 150 [3]). In anderen

1) Kuske, Quellen II S. 40 (1452). Ein Röder hat hier sogar auf 4 Goldgulden Sterbegeld Anspruch.

2) Ebd. S. 87 (1456).

3) H 546. Dazu kamen in dieser Zeit noch die Last von Zahlung des Viertels vom Jahreseinkommen an das Zuchthaus und „Trink-

Fällen sicherte sich der Vorgänger eine regelmäßig zu zahlende feste Summe, z. B. von wöchentlich einem Taler, um sich von den Schwankungen der Löhne freizumachen. Manche verzichteten auf die Hälfte gegen eine einmalige größere Abfindung, was dann auf den Kauf des Amtes, wie er bei den Kornmüddern üblich war, hinauslief [1]. Auf diese Weise konnten sich auch jüngere Männer bequem in den Besitz eines kleinen Kapitals setzen, allerdings unter der Bedingung, daß sie wirklich vom Amt abgingen und der Rat es dem anderen auch gab. Derartige private Verträge waren durchweg rechtsgültig und wurden auch vom Rat anerkannt.

Häufig durften die alten Arbeiter mit Genehmigung des Rates den Ausweg einschlagen, daß sie das Recht noch voll behielten, aber einen Stellvertreter einsetzten, dem sie Wochenlohn zahlten, während sie selbst ihren vollen Anteil an den Einnahmen ihrer früheren Genossen weiter bezogen [2]. Dabei kamen sie meist viel besser weg als bei Bezug der Halbscheid.

Fast immer reichten diese Verpflichtungen auch auf die Witwen und Waisen nach und zwar für letztere bis zu dem Augenblicke, da sie selbst ihr Brot verdienen konnten. Ähnlich wie bei einem Leibrentenvertrag auf zwei Leben erhielt die Witwe des Nachfolgers meist nur die Hälfte der Bezüge des Mannes, also ein Viertel des Dienstes, das mitunter sofort in Kraft trat, da ja viele Ämter nicht durch Invalidität, sondern durch den Tod frei wurden, der also eine Erleichterung für den Nachfolger brachte [3].

Manchmal durfte aber auch die Witwe wenigstens einige Jahre lang das volle Recht aus dem Amte erhalten und einen Stellvertreter gegen Zeitlohn einsetzen. Häufig

---

gelder" von 10 Talern beim Wechsel des Amtes. — Solche Zahlungen an den arbeitsunfähigen Vorgänger kamen auch in der Schiffahrt bei bestimmten konzessionierten Stellen, wie in der Börtfahrt, vor; siehe Kuske, Rheinschiffahrt zwischen Köln und Düsseldorf, S. 310.

1) H 212, 319, 546.

2) So bei den 16ern, wo dann der Spätknecht Vertreter war; einmal z. B. über 20 Jahre lang. Dgl. bei den Brotwiegern und Rödern. H 356 (1772), 514 (1763).

3) H 212, 319, 558.

führten überhaupt diese Einnahmen der Arbeiterwitwen zu spekulativen Heiraten der Nachfolger, die dadurch in ein ganzes Amt hineinkamen, da der Rat eine derartige „Beseitigung" von Witwen gern sah.

Das Gegebene war es natürlich, daß die Stadt möglichst Söhne oder Schwiegersöhne der Vorgänger einsetzte, bei denen eine größere moralische Verpflichtung zu gewissenhafter Zahlung bestand. Vor allem gewährte hier auch der meist noch gemeinsame Haushalt eine größere Sicherheit dafür, daß dem alten Arbeiter wirklich geholfen wurde [1].

Oft lernten die Söhne im Hinblick darauf überhaupt keinen Beruf, sondern gingen von vornherein den Vätern zur Hand.

Der Rat bestimmte sogar oft, daß der Sohn den ganzen Lohn an den Vater abgeben mußte und dafür nur von diesem zu unterhalten sei [2]. Es war selbstverständlich, daß der Sohn nach dem Tode des Vaters seine Mutter unterstützen mußte, und zwar erhielt diese nun die Hälfte des Dienstes, also mehr als die „Witwe". Erwies er sich vielleicht als untauglich, so gab der Rat die Stelle dem Schwiegersohn, der manchmal obendrein auch seinen jungen abgegangenen Schwager unterstützen mußte! Und selbst wenn sie der Sohn an einen Nichtverwandten abtrat, so hatte dann dieser an die Mutter die Halbscheid weiter zu zahlen.

Die Zahlung dieser Unterstützungen wurde meist durch die Stadt in der Weise gesichert, daß diese bei der Teilung der Löhne durch die Vorgesetzten der Arbeiter, — Kaufhaus- oder Werftmeister, Kranenschreiber und Ratsherren, — die betreffenden Teile einziehen und den dazu Berechtigten übermitteln ließ.

Dieses System, das für die Unterstützten verhältnismäßig günstig war und ihnen relativ mehr Ertrag brachte als den davon Betroffenen die heutigen staatlichen Versicherungsmaßnahmen, hatte jedoch für den zahlenden Teil auch seine Schattenseiten. Auch hier treten uns wieder zahl-

---

1) Solche Verpflichtungen bestanden auch auf dem Wochenmarkt, wenn dort die Kinder ihren Eltern auf dem Stand nachfolgten. Ratsprotokolle 196, 17 (1749).

2) Ratsprotokolle 203, 102. H 211, 515, 546.

reiche Menschen entgegen, die ein auffallend hohes Alter erreichen, viele 80jährige Vorgänger, mehr als 90jährige Mütter und z. B. auch Witwen, die noch kleine Kinder haben, obwohl sie in ihren 60er Lebensjahren stehen [1]. Das hatte zur Folge, daß der Nachfolger oft jahrzehntelang nicht zu einem vollen Dienst kam, ja selbst unter der Halbscheid starb. Die Söhne, die z. B. den vollen Lohn an den Vater abgeben mußten, gerieten dabei selbst in Not, wenn sie sich verheirateten und Familie hatten [2]. Hauptsächlich diejenigen, die ihr Amt noch besonders kauften, stürzten sich in Schulden, von denen sie sich kaum wieder befreien konnten. Daher versuchte der Rat im Jahre 1710, die Einrichtung der Halbscheid und das Unterstützungswesen als „*abusus*" überhaupt abzuschaffen [3]. Aber da eine Reihe von Arbeitern durch deren Zahlung selbst ein Recht auf spätere Halbscheid erworben hatte, wodurch natürlich wieder neue Rechte der an sie zahlenden Nachfolger entstehen mußten, so konnte er schon hier nicht durchdringen. Daher blieben auch während des ganzen 18. Jahrhunderts diese Einrichtungen, und zwar immerhin als interessanter Versuch, solche soziale Aufgaben gleichsam automatisch aus dem Arbeitssystem heraus mit Hilfe einer unauflöslichen Kette von Verpflichtungen der Arbeiter gegen einander zu lösen, bestehen.

4. Soziale Stellung, allgemeine Sitten, Ausgang.

Die Arbeiterschaft stufte sich mannigfach nach Einkommen und sozialem Ansehen ab. Als die höchst stehenden galten den übrigen die meisten Müdder, um deren Amt sich besonders die Träger häufig bewarben. Am Rhein waren besonders die Radtreter und Kettenknechte angesehen [4], von denen jene wieder eine Vorstufe von diesen waren.

1) S. z. B. H 558: 1769, 1787.

2) Der 37jährige Sohn eines Radtreters, der seit seinem 34. Jahre seinen Vater vertritt, liefert an diesen den gesamten Lohn ab und behält für sich, seine Frau, deren Mutter und 4 Kinder nur wöchentlich 10 Stüber = etwa 66 Pfg. übrig! H 546.

3) *in erwegung, dass der verstorbenen hinterlaszener wittiben oder kinder amplissimo magistratui keine diensten mehr leisten* und daß den Arbeitenden dadurch der ihnen gebührende volle Lohn entzogen würde. Ratsprotokolle 159, 263 f.

4) Allerdings von den Kranbeamten, die jedoch aus den Kran-

Zugleich aber hob sich die Arbeiterschaft auch von sozial schlechter gestellten Schichten, und zwar, abgesehen natürlich von den vielen Bettlern und Almosenempfängern, besonders auch von den Tagelöhnern, Gelegenheitsarbeitern und Wächtern ab, mit denen namentlich die Träger häufig im Kampfe lagen, da sie ihnen als „Unqualifizierte" mehr oder wenig offen in den Dienst pfuschten. Aus diesen Schichten nahmen die Arbeiter auch ihre etwa ständig oder in Zeiten des Andranges nötigen eigenen Hilfskräfte.

Es wurde bereits erwähnt, daß die Arbeiter zu den Gaffeln gehörten und demnach mit den Handwerkern und anderen Bevölkerungskreisen auch gesellig zusammenlebten. Meist waren sie ja auch aus den Mitgliedern der die Gaffeln zusammensetzenden Zünfte hervorgegangen, bei denen sie jedoch dann nicht mehr in den rein gewerblichen Angelegenheiten mitstimmen durften [1]. Im Mittelalter war den Arbeitern der Eintritt in den Rat gleich den städtischen Beamten, vereideten Unterkäufern und Kommissionären verwehrt [2]. In späterer Zeit war das jedoch nicht mehr der Fall, wie es z. B. schon aus der Nichtvereidigung der Salzmüdder vor dem erzbischöflichen Statthalter in ihrem Ratsjahr hervorgeht. Im 18. Jahrhundert läßt sich einmal ein 16er als Ratsherr nachweisen [3], und ein eingehender Vergleich der Namenlisten der Arbeiter mit denen der Ratsherren dürfte wohl noch manchen anderen ergeben, der in diese hohe Stellung einrückte.

Die Sitten dieser Arbeiterschaft waren natürlich derb, und es wimmelt in ihren Ordnungen von Verboten gegen das Schimpfen, Fluchen und Schwören, „mit dem Leibe unhösch" zu sein, zu raufen und mit dem Messer zu stechen. Noch schwieriger jedoch war der Kampf, den der Rat und die Kaufmannschaft gegen das „Gesäuf" und „Beweint-

arbeitern hervorgehen konnten, sagt ein Gutachten aus der Zeit um 1500: *dann wann sie an meiner hern* (des Rates) *dienst kommen, muszen sie den muszgangk gebrauchen und den juncker spillen und willen kein hand an wirck schlaen, wie die fur haben muszen thun, do sei haben mussen arbeiten* H. 545.

1) H 514.

2) S. Stein I S. 235 ff., 261, 368 f., 463.

3) H 514 (1736).

sein" der Arbeiter führen mußten, die fortwährend mit Weinforderungen an ihre Auftraggeber herantraten und die Arbeit durch Gänge in die zahlreichen Wirtshäuser des alten Köln zu unterbrechen suchten!

Die Strafen, die der Rat über sie für die Übertretung der Arbeits- und der Führungsordnungen verhängte, waren natürlich jenen Zeiten entsprechend drastisch und hart. An den Kaufhäusern und Märkten hingen Halseisen und standen Pranger für die Widerspenstigen, und monate- und jahrelanger „Turmgang" stand oft auf Übertretungen, die heute viel milder geahndet werden [1]. Geldstrafen an die Armen, Suspension und Amtsentsetzung kamen daneben zur Anwendung.

Diese vielgegliederte Arbeiterschaft von etwa 500 Köpfen wurde, wie bereits erwähnt, durch zahlreiche Beamte, Schreiber und vereidete Makler ergänzt, die alle mit ihnen dem gleichen finanz- und wirtschaftspolitischen System dienten, das so immerhin unmittelbar schon einen bedeutenden Teil der städtischen Bevölkerung ernährte. Dazu kam ferner, daß mit Hilfe des Stapels, der zahlreiche kaufmännische Mittelspersonen, — in Spedition, Verkaufs- und Einkaufskommission, Fuhrwesen und Schiffahrt, — erforderte, einem weiteren Teil Beschäftigung geboten wurde. So gelang es der Stadt immerhin, sich wenigstens in ihrer Bevölkerungszahl ständig auf der Höhe des Mittelalters zu halten und sich auch vor dem absoluten Rückgang zu bewahren. Sie fand so bei Handel und Verkehr wirklich einigen Ersatz für die ihr versagte weitere gewerbliche Entwicklung.

Die französische Herrschaft entzog nun im Jahre 1798 mit der Aufhebung der städtischen Accisen und der Einführung ihrer anders gearteten Staats- und Gemeindesteuern den in dieser Untersuchung geschilderten Zuständen und damit auch ihrer Arbeiterschaft die Grundlagen. Gleichwohl wurde diese noch nicht sofort aufgelöst. Die neue Verwaltung ließ die Arbeitergruppen zum Teil aus Mitleid noch

---

1) Ein Raderknecht wird z. B. einmal 31 Monate lang in die Türme der Schaafenpforte gesperrt, weil er gespielt, getrunken und seine Frau geprügelt hat; darnach wird er wieder in seinen Dienst eingesetzt! H 546.

weiter bestehen. Teilweise aber spielten dabei auch Rücksichten auf die Erhaltung des Kölner Stapels, der nunmehr Frankreich zugute kam, sowie auf den „Polizeizweck" mit; denn man erkannte auch noch in dieser Zeit die Bedeutung von unparteiischen öffentlichen Meß- und Warenuntersuchungseinrichtungen für den Handel an und erhoffte davon weiter eine Förderung der Kölner Handelsstellung [1]).

Seit dem Beginn des 19. Jahrhunderts ließ die französische Verwaltung aber dennoch allmählich den Wettbewerb nicht konzessionierter Leute zu und damit den gleichzeitigen, mehr oder weniger stillschweigenden Verfall der alten Formen. Zum Teil waren die Arbeiter alten Stiles gezwungen, sich einen anderen Erwerb zu suchen. Sie fanden ihn wohl unschwer in der jungen Kölner Industrie, die sich rasch entwickelte, da nun die alte, von allen Seiten eingeengte Reichsstadt einem neuen, weiten, einheitlichen Wirtschaftsgebiet einverleibt worden war, in dem sie sich freier entfalten konnte. Ein anderer Teil aber stellte sich dem nun nicht mehr durch Steuereinrichtungen gefesselten Handel und Verkehr als freie Transportarbeiter zur Verfügung.

---

1) S. über das alles besonders die Gutachten in Franz. Abteilung 58 C 1b.

Heft 4

E. Reinhardt, Die Kupferversorgung Deutschlands und die Entwicklung der deutschen Kupferbörsen.

Preis 3.20 M. Subskriptionspreis 2.80 M.

Die Arbeit gibt einen weltwirtschaftlichen Überblick über Gewinnung und Verbrauch des Kupfers unter besonderer Berücksichtigung der von der elektrischen Industrie ausgehenden Einflüsse. Sie behandelt ausführlich die Organisation der deutschen Kupferversorgung und ausgehend von der Londoner und New-Yorker Kupferbörse die Entstehung, die Organisation, die Geschäfte und die Erfolge der Berliner und Hamburger Kupferbörse. Die Geschäfte werden auch nach ihrer technischen Seite hin berücksichtigt.

Heft 5

H. Krüer, Die Markthallen und ihre Hilfskräfte als Faktoren der Lebensmittelversorgung in unseren Großstädten.

Preis 2.80 M. Subskriptionspreis 2.50 M.

Die Darstellung beruht namentlich auf den persönlichen Erfahrungen des Verfassers und sucht die bisher sehr lückenhafte und einseitige Literatur über die Lebensmittelversorgung der Städte wesentlich zu ergänzen, die entweder nur die Fleischversorgung oder die Bautechnik der Markthallen berücksichtigte. Der Verfasser schildert daher unter Erfassung des Typischen die Entwicklung der Hallen in Paris, London, Wien, Berlin und den übrigen größeren deutschen Städten und zwar auf ihren allgemeinen wirtschaftlichen und hygienischen Grundlagen. Das Schwergewicht der Arbeit liegt dabei auf technischer Einrichtung der Hallen, den Anforderungen an Lage und Größe und der inneren Ausstattung auf der Organisation und den mannigfachen Arten des Hallenhandels und auf der kommunalpolitischen Seite Verwaltung und finanzielle Ergebnisse. Ein Schlußteil würdigt die Hallen im Hinblick auf die an ihrem Betrieb besonders interessierten Kreise, Konsumenten, Produzenten, den Handel inner- und außerhalb der Hallen, das städtische und allgemeine Wirtschaftsleben.

Heft 6

Kurt Rein, Konkurrenzmöglichkeiten der deutschen Feinkeramik am Weltmarkt unter besonderer Berücksichtigung der Porzellanindustrie.

Preis 2.20 M. Subskriptionspreis 2.00 M.

Der Verfasser behandelt die Produktionsbedingungen und Ziele der deutschen Porzellanindustrie und deren Wandlungen und charakterisiert besonders die sich auf den Prinzipien des modernen deutschen Kunstgewerbes aufbauenden Eigentümlichkeiten jenes für unsere weltwirtschaftliche Stellung so bezeichnenden Gewerbes. Von da aus erörtert er namentlich dessen Absatzorganisation mit Ausstellungen, Messen, Zeitungsreklame, Exportmusterlagern und die Bedingungen und Mengen des Absatzes im Auslande.

FSC
www.fsc.org
MIX
Papier | Fördert gute Waldnutzung
FSC® C083411

Kolibri 360 GmbH
Ferdinand-Jühlke-Straße 7
99095 Erfurt, Deutschland
produktsicherheit@kolibri360.de